Alma Venus

PERE GIMFERRER (b. Barcelona, 1945) is the author of numerous books of poetry, criticism, and fiction, both in Spanish and in Catalan. His writing is notable for its visual power, the range of its references, and its extraordinary lexical refinement, as well as its profound concern with the role of the artist in his engagement with his forebears and the historical responsibility of the intellectual.

ADRIAN WEST is a writer and translator whose work has appeared in numerous publications, such as *McSweeney's*, *The Brooklyn Rail*, *Words Without Borders*, and *Asymptote*, where he is also a contributing editor. He currently lives between Europe and the United States with the cinema critic Beatriz Leal Riesco.

Alma Venus

Pere Gimferrer

Translated by Adrian West

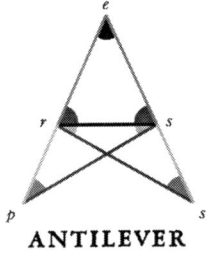

ANTILEVER

ANTILEVER PRESS
www.antilever.org

© Pere Gimferrer, 2014
All worldwide Spanish edition rights reserved:
© Editorial Seix Barral, S. A., 2014

ISBN 978-1-938308-08-6
Library of Congress Control Number: 2013956893

First Antilever edition, 2014

0 1 2 3 4 5 6 7 8 9

The translator would like to dedicate his work to the memory of Aldara Leal Van Helden.

To Cuca, Alma Venus

Contents

Translator's Note . . . xi

First Book: *Alma Venus*

I. With the antipodal lights of the air
   Con las luces antípodas del aire 3

II. In the lens of the wind's silhouette
   Con la lentilla del perfil del viento 7

III. In this last stage, the artisan
   En esta última etapa, el artesano 9

IV. A communiqué of clouds
   Un despacho de nubes, una historia 11

V. A racket of machine guns
   Un tableteo de ametralladoras 13

VI. Through the clearing in the light of day
   Por el desmonte con la luz del día 15

VII. Yes, when I see the eagle at rest
   Sí, cuando vea el águila parada 19

VIII. And such legerdemain and such glimmer
   Entre tanto espejeo y trampantojo 21

IX. The leathercraft of the eyes
   La talabartería de los ojos 25

X. Every poem has a single theme
   Todo poema tiene un tema sólo 29

XI. Urganda the unknown? Not at all
   ¿Urganda la desconocida? No 33

XII. Don't tell me what the verses tell
   No me digáis lo que los versos dicen: 37

XIII. Solely from a liking for symmetry
   Sólo por gusto de la simetría 39

XIV. Lady of the almond eyes
   Señora de los ojos almendrados 43

Second Book: The Senses at Peace with the Memory

    I. Desire is a sacrilegious page
        Es el deseo página sacrílega 47

    II. The lance-blow of the air forgiven
        La lanzada del aire perdonado 51

    III. The pink paymaster of the swords
        El pagador de las espadas rosa 53

    IV. The blue men pass through the sea
        Van los hombres azules por el mar 55

    V. The Europe Rossellini described
        La Europa que describe Rossellini 59

    VI. The hollow of the medieval night
        El hueco de la noche medieval 63

    VII. In fantasy I discovered love
        Fantaseando, descubrí el amor 67

    VIII. Toward the definitive mannerism
        ¿Hasta el definitivo manierismo 69

    IX. Dusting the tresses of dawn
        Desempolvando el pelucón del alba 73

    X. The legerdemain of life: we walk
        La fullería del vivir: andamos 75

    XI. No poem has its marrow in plot
        Ningún poema es argumental 77

    XII. Admonitions: is it fitting to reply
        Admoniciones: ¿cabe replicar 81

    XIII. The seller of the suitcase of fog
        El vendedor del maletín de niebla 85

    XIV. The metallic wasps, yellow and black
        Las avispas metálicas, amarillas y negras 89

    XV. Let us go in the night of the foxes
        Vayamos en la noche de los zorros 93

    XVI. The integument of air has cracked
        El pellejo del aire ha restallado 97

XVII. The air caught fire. The stone inert
  El aire se incendió. La piedra inerte 101

XVIII. The hostelry of iron of the night
  La hostería de hierro de la noche 105

XIX. The pages of air have resounded
  Las páginas del aire han resonado 109

XX. A psalmody in the ballroom
  Una salmodia en el salón de baile 113

Notes   118

Translator's Note

Years ago, in a conversation about what he considered to be the dispiriting state of Spanish letters, a friend and former professor mentioned a short novel by a Catalan who wrote like Proust. Later, when I had begun to read Catalan, I asked after the book, *Fortuny* by Pere Gimferrer. The prose was reminiscent less of Proust than Góngora, though it is true that, with the exception of Proust, no other writer of the twentieth (and now twenty-first) century has brought such precision and attentiveness to the description of the play of light and shadow. I published a short selection from *Fortuny* in January of 2013 and began work on the present text six months later. Gimferrer's writings are demanding, for the reader and particularly the translator; apart from employing a broad and refined vocabulary, they depend for effect on a system of multiple meanings and textual echoes that span not only the whole of Spanish language literature, but also references to contemporary history, art, music, film, and design. But at a time when a degree of colloquialism (representing less the quest for an authentic voice than a relinquishment of the ideal of Bildung) has reduced so much modern verse to an ineffectual monotony of unworked self-expression, Gimferrer vindicates the dialectic nature of poetry, the inalienability of its pedigree, and its freedom and duty to intervene in the historical moment of which it forms a part.

AW

First Book

Alma Venus

…Deflexit partim stringentia corpus Alma Venus.
…some even grazed him, but slightly, deflected by kindly Venus.
VIRGILIO

Alma Venus: inno quotidiano alla rivoluzione dell'eterno.
Alma Venus: everyday ode to the revolution of the eternal.
ANTONIO NEGRI

¡Vano ajedrez, ayer combate de ángeles!
Vainglorious chess, erstwhile combat of the angels!
OCTAVIO PAZ

And the fire and the rose are one.
T. S. ELIOT

Perch'i' no spero di tornar giammai.
Because I do not hope to turn again.
GUIDO CAVALCANTI

I

Con las luces antípodas del aire,
el pestañeo de la oscuridad;
entre los albañales vive el sol:
el sol, hecho de risas fruncidoras,
el sol, hecho de láminas de azufre,
el zoco de las nubes pelirrojas
que el invierno segó con sus manos de mimbre.
En esta luz decapitada, el cielo
dice sílabas rojas al quemarse;
no es la vida un poema paisajístico,
es la cobra de fuego de la muerte,
es el correo de la oscuridad.
Pero vivimos sin el bisturí
que saja el tremedal: *imago mundi*
en el instante, no en su sucesión,
sino ahorcado en pedernal de llama,
en la coraza cóncava del aire.
Che morte tanta n'avesse disfatta
no lo creemos nunca: la alquería
del soportal de las fosforescencias
nos da en los ojos sólo un destellar,
como la luz del viento en Compostela,
como el jardín de gárgolas y espíritus,
como la confusión del cielo astado
en la noche de cal ferruginosa;
vamos al cielo por el aire ardido,
vamos por la llovizna del ayer.
El día ha cosechado sus tarántulas
en la condescendencia de la luz:
replegados en sí, los nubarrones
no dilatan el aire: lo reúnen,
como la vida en un cajón de nieve

I

With the antipodal lights of the air,
The batting of darkness's eyes;
The sun resides amidst culverts:
The sun, of grimacing laughter,
The sun, of sulphurous sheets,
The bazaar of the redheaded clouds
By winter's wicker hands sown.
The sky, in decapitated light,
Ignites, proclaiming red syllables;
Life is not a poem about landscapes,
It is the cobra of fire of death,
The darkness's certified post.
But we live bereft of the scalpel
That lances the schwingmoor: *imago mundi*
In the instant, not its succession,
But hanged from the ignited flint,
On the concave cuirass of air.
Che morte tanta n'avesse disfatta
We never believe it: the villa
With the phosphorescent loggia
Is only a glimmer in our eyes,
Like the light of the wind in Compostela,
Like the garden of gargoyles and spirits,
Like the white-horned sky's disarray
In the night of ferruginous lime;
Let us pass through the burnt air to heaven,
Let us pass through yesterday's mist;
The day has reaped its tarantulas
Engulfed by the light's condescension:
Drawn up in themselves, the storm clouds
Prolong not, but gather the air,
Like life in a coffer of snowflakes,

como en la perlesía de los años;
sentiremos el viento en nuestras ingles,
la voz de algún amigo vuelta un eco de piedra tallada,
la cabalgada a oscuras de Tiresias.
Unreal City, mas ciudad de escudos:
escudería del alarde en andas,
invernadero en ciega combustión.
Así a tientas el hielo presentía la hoguera:
la muerte venteó la juventud.

As in the inertness of years;
We feel the wind in our groin,
A friend's voice echoed back in carved stone,
The blind cavalcade of Tiresias.
Unreal City, but city of escutcheons:
Escutcheons of pomp borne aloft,
Hothouse in eyeless combustion.
Thus the ice foresaw the bonfire, wavering:
Thus death stalked the springtime of life.

II

Con la lentilla del perfil del viento,
juegos de agua en la Venaria:
las vaciadas órbitas del parque,
como la luz que pace en los jardines;
tiene el amanecer color pastel,
como apenas pintado, un arañazo,
en la corsetería de la noche.
La dominante del azul que cambia,
en el jardín volcado de la cúspide,
no piedra, mas fulgor en transparencia,
esta visita nítida: el recuerdo,
donde se habita la diafanidad.
Somos contemporáneos del baile
y Piero Tosi nos vistió con blondas:
en el salón de los zócalos blancos
la vida es el dibujo de aquel vals.
Yo te daría tantas azucenas
como el jardín de circunvalación;
yo te daría tantos arriates
como la anochecida al suspirar.
Es un instante el alba y el crepúsculo,
somos instantes de alba en el crepúsculo,
no el agua en sí, sino el reflejo de agua,
crack in the mirror, o fracaso de cristales,
cristalería de la posesión,
cuando enlazamos lo que nos posee,
pero no poseemos lo enlazado:
la tigre de Bengala del deseo rayado en la noche comanche,
la pintura de guerra de la luz
en los espejos de la primavera.
Todo en el aire son deslumbramientos:
viste el cielo la pólvora en caftán.

II

In the lens of the wind's silhouette,
The play of the Venaria's waters:
The vacated sockets of the park,
Like the light that strafes in the gardens;
The dawn has a color of pastel,
As though barely painted, a scratch
In the lingerie of night.
The shifting blue's predominance,
In the garden turned end on end,
Not stone, but flash in transparency,
This scrupulous view: memory,
Dwelling-place of the diaphanous.
We are the contemporaries of the dance
And Piero Tosi clothed us in blonda:
In the salon with the skirting of white
Life is the waltz's depiction.
I would give you as many white lilies
As in the garden in the center of the rotary;
I would give you such hosts of flowers
As the nightfall expelling its breath.
It is an instant, the sunrise and twilight,
We are instants of sunrise in twilight,
Not the water in itself, but its reflection,
Crack in the Mirror, or vitreous disaster,
Glaziery of possession,
When we bind what possesses us,
But fail to possess what is bound:
The Bengal tigress of desire, striped in the Comanche night,
The war paint of light
In the mirrors of spring.
All in the air are flashes:
The dust drapes the sky in caftan.

III

En esta última etapa, el artesano
encala el muro: el Campo Santo Vecchio,
desenrejada claridad en trazos,
cede al día en blancura exterminada,
el blanco ardiente que nos resucitará.
En esta última etapa, ya la mano
no respira en las voces del pigmento,
en el aliento, al susurrar, del muro:
ya no es la mano de un resucitado,
sino la mano de un encalador.
¿A la mano el encausto qué le dice?
¿Cómo se solemniza el caolín?
Hay un tiempo en que muro y mano son
sólo una cosa, noche articulada,
la luz en vela en campo hasta el barbecho;
la familiaridad con el vacío
es un llenar con el vacío el muro
y no hay blancura donde el muro existe:
la mano palpa hasta encontrar el muro
en la respiración de cada grieta,
y así, más que contorno, somos mano,
y, más que adivinar, reconocemos.
En la viñeta de color de púrpura
aguarda el vampirismo del poniente:
todo nos hundirá en luz enconada,
rasgueadores de la cal del muro.
En esta última etapa, cada trazo
dibujará en el muro un cormorán:
el gabinete del país del agua
sorbe las manos del encalador.

III

In this last stage, the artisan
Whitewashes the wall: the Campo Santo Vecchio,
Crosshatch of clarity uncaged
Cedes to the day in exterminated white,
The blazing white that will revive us.
In this last stage, no longer the hand
Breathes in the voices of pigment,
In the breath of the wall as it whispers:
No more is it the hand of the resuscitated,
But rather the hand of a whitewasher.
What does the encaustic tell the hand?
How is the kaolin solemnified?
There is a time when wall and hand are
A lone thing, articulated night,
The candlelight from the fields to the fallows;
Acquaintanceship with the void
Is a filling of the wall with the void
And where the wall exists is no whiteness:
The hand gropes in search of the wall
In each of the cracks' respiration,
And thus we are hand more than outline,
And, more than reckon, we recognize.
In the purple-colored vignette
Awaits the vampirism of the west:
All will plunge us in the furious light,
We who thrum the lime of the wall.
In this last stage, every caress
Will draw on the wall a cormorant:
The commission of the country of water
Laps at the whitewasher's hands.

IV

Un despacho de nubes, una historia
de pechinas y sábanas tendidas:
nubes sobre Moguer, J. R. J.
verde y azul, los únicos colores
en trotacalles de marinería.
(¿Qué granados? Granadas del recuerdo,
granadería al viento desgarrada.)
En ningún sitio vivirá Moguer
sino en aquellas nubes de invención,
más palabras que nubes, más Moguer
en el poema que en la realidad.
Agazapadas cintas milagreras
aletean aún en Pasolini,
no en palabras friulanas: califales,
las páginas de azul andalusí.
Restañando a la vez las dos heridas
—ausencia en Coral Gables, muerte en Ostia—
de mar a mar la vida iguala al mito,
y es el poema el mayor mito: túnica
inconsútil del aire de los sueños.
¿Quién quería vivir y no ha vivido?
Yo, que me proyecté, soy proyección:
el bulto en sombras me miraba a oscuras,
pero trazó a cordel mi propia vida,
design for living, el poetizar:
la claraboya de cristal hojoso
por la que pasan nubes de Moguer.

IV

A communiqué of clouds,
Of scallops and dangling sheets:
Clouds over Moguer, J. R. J.
Green and blue, the only colors
On the flaneur of the sea.
(What pomegranate trees? Pomegranates of memory,
Pomegranates sown to the rent wind.)
Moguer will live in no place
Except in those clouds of invention,
More words than clouds, more Moguer
In the poem than in reality.
Huddled miraculous ribbons
Flap even still in Pasolini,
Not in Friulian phrases: caliphal,
The pages of Andalusian blue.
Staunching at once the two wounds
—Absence in Coral Gables, death in Ostia—
From sea to sea, life lives up to the myth,
And the poem is the grandest myth: seamless
Tunic of the air of dreams.
Who wished to live and has not lived?
I, who projected myself, am projection:
The bulge in the shadows watched me in the dark
But surveyed the perimeter of my own life,
Design for Living, poeticizing:
The skylight of leafy crystal
Through which pass the clouds of Moguer.

V

Un tableteo de ametralladoras
—¿hubo campos aquí? ¿mustio collado?—
del parque de los aires indiscretos
llega hasta la gualdrapa del balcón.
No tuvo la experiencia de una guerra
esta generación de miriñaques.
Una Beretta es de puño de nácar
en la vitrina: como Colt o Browning,
son palabras absortas de romance,
pero empuñarlas es empuñar fuego
y el tronío al tronar faena muerte.
Fusilamientos en el monte oscuro,
y no con pincel cárdeno de Goya:
Companys, Laval, o Brasillach y el Che,
la epifanía sórdida del plomo:
«nuevos gritos de guerra y de victoria»
sobre su muerte oyó Ernesto Guevara.
(Cardeña de Ruy Díaz, hoy de Paesa:
el paladín da paso al transformista.)
Para morir, para vivir del todo
—para morir de haber vivido, y basta—
en la asonada de tizona al viento,
madre de toda cosa, dijo Heráclito,
madre de los acechos del corral.
Unos zapatos negros de charol
tan puntiagudos como un espadín:
la elegancia simpática del crimen,
como en copa labrada de *acqua toffana*,
la procesión de luces del veneno
(su quemazón, una culebra roja)
que es tan lujoso como agonizar.

V

A racket of machine guns
—Were there fields here? Withered hillocks?—
From the park of the indiscreet airs
Climbs up to the balcony's tatters.
This crinoline generation
Had no experience of war.
In the display case, a Beretta
Has a handle of nacre: like Browning or Colt,
They are words endued with romance,
But to seize them is to seize fire
And their thundering is the thunder that reaps death.
Execution by firing squad on the dark mountain,
Not with Goya's gridelin paintbrush:
Companys, Laval, or Brasillach and Che,
Lead with its sordid epiphany:
"New cries of war and victory"
Heard Ernesto Guevara in his death.
(Cardeña of Ruy Díaz, now of Paesa:
The paladin cedes to the disguise-artist.)
To die, to live to the dregs
—To die of having lived, and nothing more—
In the wind, in the riot of Tizona,
Mother of all things, said Heraclitus,
Mother of stakeouts in the courtyard.
A pair of black shoes of patent leather,
Their tips as sharp as an epee:
Crime and its sympathetic elegance,
As in the carved goblet of *acqua toffana*,
The lighted procession of poison
(Its burn, a serpent of scarlet)
As luxurious as expiration.

VI

Por el desmonte con la luz del día
cae el ventalle de los cedros rotos.
No vadeaba el río Aminadab;
la luz puso su sello en la gehena.
Hay que bajar así: como polea
por el pozal del viento descuajado.
La misa negra de la poesía
como aquelarre de *Rosemary's Baby*,
pero también con sol de talismán:
alquimia de oro y hojalatería
sin altar de Artemisa o sitial de Sesostris;
no hay murmullos de elfos en el bosque sagrado.
La espada tinta en sangre de la noche
corta en dos los jardines del druida
y, en el puño del sol, Stonehenge
estrella su delito mineral.
Giotto en Asís mira el azul traslúcido,
pero el poema no es transparentable:
pule la rosa lívida del miedo
hasta el terror de piedra diamantina
que quemará la mano con agujas candentes
y en el labio pondrá besos de sosa caústica.
¿Es misterio de Eleusis? Hechicera,
la de cara tiznada, mascarilla,
hechicería de hopalandas negras,
como el dandy va del sótano en Feuillade.
Pais de encapuchados, poesía,
¿sólo por eso ha escrito Mallarmé?
(En su carta, Paterne Berrichon
se convierte en muñeco de vudú.)
Los herederos de la voz perdida,
vocear del aeda en descampado,

VI

Through the clearing in the light of day
The fan of the broken cedars falls.
Amminadab did not wade through the river;
The light pressed its seal in Gehenna.
Like a pulley, one has to sink thus
Through the well of the deliquescent wind.
Like the witch's Sabbath of *Rosemary's Baby*,
The black mass of poetry,
But also with a talisman sun:
Alchemy of gold and sheet metal
Without altar of Artemis or throne of Sesostris;
There are no rumors of elves in the sacred forest.
The blood-red sword of the night
Slices the druid's garden in two,
And, in the sun's fist, Stonehenge
Flashes its mineral crime.
Giotto sees the translucid blue in Assisi,
But the poem cannot be made transparent:
It polishes the livid rose of fear
Down to the terror of diamantine stone
That will burn the hand with candent needles
And kiss the lips with caustic lye.
The mystery of Eleusis? Sorceress,
Of the smudged face, face mask,
The sorcery of black houppelandes,
As the dandy leaves the basement in Feuillade.
Country of the shrouded, poetry,
Did Mallarmé write only for that?
(In his letter, Paterne Berrichon
Is turned into a voodoo doll.)
The heritors of the lost voice,
The voice of the bard in the clearing,

los legatarios de la voz rapsódica,
tan ciegos como Homero en su helada tiniebla,
los secretarios de la luz de luna
(Wallace Stevens o Rodríguez Feo)
conservamos el aire calcinado
en las enseñas de la destrucción:
por el camino de las aguas rotas,
no camino de Swann, sino camino
de transfiguración, luz flagelada,
ruta penitencial, *Wuthering Heights,*
en las alturas de la paramera,
donde la pedregada de palabras
nos lapida la cara hasta sangrar:
allí la luz se vuelve chamusquina,
allí queman los pólipos del aire
a la estatua de sal que los poetas
han levantado con su inmolación.

The legatees of the voice rhapsodic,
Blind as Homer in his frosted darkness,
The secretariat of moonlight
(Wallace Stevens or Rodríguez Feo),
We conserve the charred air
In the ensigns of destruction:
Through the way of broken waters,
Not Swann's way, but the way
Of flagellated light, transfiguration,
Route penitential, *Wuthering Heights,*
In the heights of the moorland,
Where the hailstone of words
Stones our face till we bleed:
There the light starts to singe,
There, the air's polyps burn
The statue of salt that the poets
Have raised by their immolation.

VII

Sí, cuando vea el águila parada
se detendrán mis ojos: lo inasible
vendrá de lejos como un tafetán
y las titilaciones del deseo
serán el ojo de la garrapata,
la congestión del moscatel del aire
en la barrica de la soledad.
En aquella ventana el cielo inmóvil
un recuadro: ventana ya no vista,
más concepto o imagen que aspillera,
el ventaneo del quedarse a solas,
porque a solas camino enmascarado
al tiempo de la luz hecha parálisis:
tiempo inimaginable, ojos de sombra
como en la noche del doctor Mabuse,
mas sin visión de ojos: negativo,
no revelada imagen fotográfica,
carrete en la caverna del magnesio.
Viviremos a tientas, si es vivir
saber que no vivimos: las palabras
sin sonido ni imágenes ni ideas,
palabras como un antifaz de goma,
silencio en que se ha suspendido el ser.
Corríamos en luz de veraneo
y corremos ahora al *ralenti*.
De cara a cara no veré mi rostro,
mas la interpretación que da a mi rostro
el bucle oscuro de la negación.
No en el tiempo sin tiempo del poema:
esta llaga que mana de la noche,
el no decible hueco intemporal.

VII

Yes, when I see the eagle at rest
My eyes will pause: the ungraspable
Will come from afar, like taffeta,
And the titillations of desire
Will be the eye of the tick,
The congestion in the muscatel of air
In the barrique of solitude.
In that window the immobile sky
A box: a window no longer seen,
More concept or image than loophole,
The glimpse of remaining alone,
Because alone I walk, enmasked
At the time of the light made paralysis:
Inconceivable time, eyes of shadow
As in the night of Dr. Mabuse,
But without the eyes' vision: negative,
Photographic image not developed,
Cartridge in the magnesium cavern.
Groping we will live, if it is living
To know we are not living: the words
Without sounds, nor ideas nor images,
Words like a facemask of rubber,
Silence where being is suspended.
We used to run in the light of summer,
And now we run *al ralenti*.
I will not see my visage among the faces,
But the interpretation given to my visage
By the obscure circuit of negation.
Not in the poem's timeless time:
This ulcer that seeps from the night,
The atemporal unspeakable hollow.

VIII

Entre tanto espejeo y trampantojo
—reflejos de reflejos—entre tanta
noche desenlazada en avenidas,
entre tanta guedeja del jazmín,
¿dónde la vida? ¿Nadie me responde?
No en las arboladuras del poema,
no en la palabra que es piromanía:
sólo en las ligazones de los cuerpos
la vida irracional nos desampara
y nos ampara con un martinete,
goteando el vivir en cada pétalo
de las empuñaduras de la piel.
Con cuánta obstinación, a puñetazos,
un cuerpo quiere ser el otro cuerpo.
La violencia es así: la flor violenta
del deseo que viste faralaes.
Es, por definición, una añagaza;
como el salto de nieve saltimbanqui,
como el ampo de nieve de la noche,
como lo blanco a negro trasmudado,
la tijera del cuerpo en el vacío
nos precipita en el brocal del aire.
Y no tenemos más visitación
que la de esta armadura conjurada:
la ferralla del viento medieval,
cuando, como en el verso nibelungo,
nos bañamos en sangre del dragón.
Inmunes, salvo por aquella herida
que nos traspasará con su latido;
inmunes, con el oro de la fronda
arracimada en cuerpos transitorios,
pero perennes cuando el temporal

VIII

And such legerdemain and such glimmer
—Reflections of reflections—and such
Night unraveled in avenues,
Amid so many tufts of jasmine,
Where is life? Will no one answer me?
Not in the groves of the poem,
Nor in the word, which is pyromania:
Only in the coupling of bodies
Irrational life deserts us
Sheltering us with a tuning hammer,
Dripping life from every petal
Of the handholds of the skin.
With what obstinacy, by fist blows,
One body strives to be the other.
Violence is thus: the violent flower
Of desire draped in flounces.
By definition, it is a decoy;
Like the acrobat's snow jump,
Like the night's white snowstorm,
Like white transmuted to black,
The scissor of the body in the void
Hurls us through the chasm of the air.
And we have no other visitation
Than that of this armor summoned:
The rebar of the medieval wind
When, as in the Nibelung verse,
We bathe in the blood of the dragon.
Immune, save for that wound
Which will pierce us with its throbbing;
With gold in the foliage, immune,
Clustered in transitory bodies,
Perennial, though, when the storm

de los pechos de pátinas de nieve
navega en la galerna del amor:
dame tus claridades comulgadas,
¡dame los oros de tu insolación!

Of the breasts with the patinas of snow
Navigates the westward gale of love:
Give me your communicant clarities,
Give me the gold of your insolation!

IX

La talabartería de los ojos,
cuando se doblan de cristal pintado,
la talabartería de la luz:
en lo no concebido nace el fuego,
en las estribaduras del salón
el reportaje de la luz que muere
en la arena del aire adormecido.
Esta mercadería empavesada,
el mercadeo en luz de tantos cuerpos,
el bazar donde cada cual ofrece
su cuerpo en prenda, como un sol de púrpura,
el toma y daca, el ven, el vete, dádiva,
que un cuerpo da a otro cuerpo, hojas solares,
ojos solares del palmar del cuerpo,
la donación de la piel a la piel,
la prendería del país del sexo,
la tuberosas de la vulva rosa,
el cortafuegos de la piel voraz.
Así nos desplomamos en el aire,
prenda tatuada por la luz del día;
así, sombra con sombra, viviremos
en las alegorías del azul.
Así podremos ser la tagarnina
que respeta las máximas del sol.
Inútilmente nos dispersará
la ventolera del deseo a solas,
el tacto de la transustanciación.
Inútilmente, en la pasión del aire,
estos cuerpos se enlazan: más allá,
entre los enrejados de lo oscuro,
como un mar el derrumbe nos acecha,
pero sabemos ser, en el mar, llamas,

IX

The leathercraft of the eyes,
When they turn from the painted glass,
The leathercraft of light:
In the unthought fire is born,
In the groundwork of the salon,
The reportage of the dying light
In the sand of the air lulled to sleep.
This ornamented merchandise,
This trafficking of so many bodies' light,
The bazaar where everyone pawns
Their body, like a purple sun,
The give and take, the come, the go, the conferral,
The solar leaves one body gives to another,
Solar eyes of the palms of the body,
The donation of skin to skin,
The pawn shop of sex's country,
The tuberose of the pink vulva,
The firebreak of voracious skin.
Thus we collapse in the air,
A garment tattooed by the daylight;
Shadow with shadow, thus shall we live
In the allegories of the blue.
Thus may we be oyster thistle,
Obeisant to the maxims of the sun.
Uselessly, it will scatter us,
The wind burst of lonely desire,
The texture of transubstantiation.
Uselessly, in the passion of air,
These bodies interweave: beyond,
Amid the lattice of the darkness,
Collapse stalks us like a sea,
But we know how to be flames in the sea,

la melena del cuerpo al encenderse.
Para esto vivimos tantos días:
para morirnos por querer amar.

The mane of the body set alight.
For this we lived so many days:
To die for longing to love.

X

Todo poema tiene un tema sólo:
cómo dice otra cosa la palabra.
Ciego y sereno vive el gavilán
en la tiniebla de palabras últimas.
Yo pisaba estas calles en los años
en que mi juventud fue loba muerta,
pero eran irreales, no trazadas
todavía, o trazadas e insepultas.
Me miraban con ojos de pintura
o de fotografía incandescente
aquellas calles hoy borrosas, claras,
al mismo tiempo nítidas y angostas:
están en el pasado y hoy las cruzo,
voy en pos de mí mismo ensabanándome.
Todo es un pacto de irrealidad:
la serenata del rosal del tiempo.
Al doblar esta esquina, me veré desdoblado
como en el almacén La Rinascente
una tarde en Turín hecha de yeso
en la grisalla oscura de los pórticos.
(Recordé entonces que era carnaval,
al ver luces en nieve de febrero.)
Perseguidores del perseguidor,
nos acechamos porche a porche, esquina
a esquina, zigzagueo de mercurio
que escapa entre las manos, edad mía.
Como gárgola en piazza Solferino,
me mira mi carátula de ayer.
Haber llegado al cabo de la calle:
la luna pudo detenerse al fin.
Un mosaico de voces el poema:
son todos los poemas una voz

X

Every poem has a single theme:
How the word says something else.
The sparrow hawk lives blind and serene
In the murk of the final words.
I walked on these streets in the years
When my youth was a dead she-wolf,
But they were unreal, not drawn out
Yet, or drawn out and entombed.
They watched me with painted eyes
Or from photos incandescent
Those streets today blurry, clear,
At the same time narrow and precise:
They are in the past and today I cross them,
In a sheet draped, chasing myself.
Everything is a pact of irreality:
The serenade of the rosebush of time.
I will see myself unfolded, on turning this corner
As in the Rinascente department store
One afternoon in Turin made of plaster
In the dark grisaille of the porticoes.
(Then I remembered it was carnival,
Seeing lights in the February snow.)
Hunters of the hunter,
We crouch, loggia to loggia, corner
To corner, mercury zigzag
That slips through my hands, my years.
Like a gargoyle in the Piazza Solferino,
The mask of my yesterdays looks at me.
To have reached the end of the road:
The moon could linger in the end.
The poem, a mosaic of voices:
All poems are a single voice

que murmura palabras maquilladas,
el rimmel descorrido y afónica la luz,
el oleaje que, al venir, se va.
La predela de Urbino es la palabra
clausuradora de Paolo Uccello:
sombras de azogue, luz endemoniada
en el bozal del aire que llamea.
Pero no es muralla la predela;
la palabra absoluta de la alhaja,
el encerado de la claridad.

That murmurs words wearing makeup,
The smeared eyeshadow in the voiceless light,
The wave that arriving departs.
The predella of Urbino is the shuttering
Word of Paolo Uccello:
Shadows of quicksilver, incensing light
In the muzzle of air in flames.
But the predella is not a rampart;
The heirloom's absolute word,
The waxen gloss of clarity.

XI

> *Tout ça me fait chier!*
> JEAN GENET

¿Urganda la desconocida? No:
en pieza separada, Palma Arena,
bultos rellenos de latón y paja
y el roberío que en la noche brilla;
chamarileros de color de plomo
y un alfeñique de pupila azul.
Los merodeadores de la luz
no se desposan con los figurines,
con el escaparate empapelado.
La terracota del país de espumas
no ve los entorchados de serrín,
la saturnal nocturna de licántropos,
la patulea de los malandrines,
la rebatiña del azul del cielo.
Joan Miró vivía en este mar:
para eso guardamos las palabras,
para no conciliarnos con el papel moneda,
con el albéitar de botica y pienso.
La muerte con sombrero tirolés,
en las colinas del color del heno,
la muerte, con sus ojos vagabundos,
descubrirá los áspides del día,
la Cleopatra en arrabal de tango
tocada con pamela de tucán.
Nuestro Homero será Santos Discépolo
(¿o tal vez sea nuestro Juvenal?).
Tiene caducidad este paisaje:
entre dos guerras, una suspensión,
un instante vacío, de albahaca,
y de tomillo mal coloreado,
con olor de cianuro a pleno sol.
Desolada planicie, instante *annoying,*

XI

All that pisses me off!
JEAN GENET

Urganda the unknown? Not at all:
In a separate claim, Palma Arena,
Packages stuffed with brass and straw
And the larceny that shines in the night;
Rag-and-bone men the color of lead
And a pansy with pupils of blue.
The marauders of light
Wed not the figurines,
With the display window papered over.
The country of foam's terracotta
Sees not the gold braids of sawdust,
The saturnine nocturne of werewolves,
The rabble of scoundrels,
The scramble of the blue of the sky.
Joan Miró lived by this sea:
That is why we watch our words,
So as not to make peace with paper money,
With the veterinary of chemists and fodder.
Death in a Tyrolese hat
In the hills the color of hay,
Death with his vagabond eyes,
Will discover the asps of the day,
The Cleopatra in the suburb of tango
Touched with the picture hat with the plumage of toucan.
Our Homer will be Santos Discépolo
(Or perhaps he will be our Juvenal?).
The landscape has a date of expiry:
A suspension, between two wars,
A vacated instant of basil,
As well as discolored thyme,
Full sunlight with an odor of cyanide.
Flatland distant, instance *annoying*,

más engorroso que fatal: paisajes
para un desfile de chatarrería.
La parada mortal de los recuerdos,
el medallero rosa del no ser.
Sin significación, cada palabra
es sólo vocerío de comparsas,
graznido ronco de los quincalleros,
intercambio de falsificaciones:
el julai y la ja, feria de incautos
o de trileros, tocomocho al ser.
Muerte de Blas de Otero al sol de estío:
la dignidad de la palabra en pie.
Lo demás sobra, sí. Va el tajamar,
muerte adelante, por la poesía:
en claro lleva a proa los ojos del vivir.
Alma Venus: amor, revolución.

More tiresome than fatal: landscapes
For a panoply of scrapyards.
The deadly cavalcade of memories,
The pink trophy table of non-being.
Each word, bereft of meaning,
Is only the clamor of secondaries,
The hoarse caw of scrap-dealers,
An exchange of falsifications:
The rube and the ha, the gullible's fair,
Of card-sharps and numbers-runners, nothing more.
Death of Blas de Otero in the summer sun:
The dignity of the word on foot.
Yes, the rest is excess. The bowsprit pushes on,
Death ahead, for poetry:
Manifestly leads to the prow the eyes of living.
Alma Venus: love, revolution.

XII

No me digáis lo que los versos dicen:
en la luz franciscana de las lomas,
en la leyenda añil del *Poverello,*
los versos umbros, en dialecto sacro,
se agolpan en un rojo torreón.
Por cortijadas o por factorías
el *Poverello* de color de estambre
frente al croar del ojo de rapiña
vive, como Melmoth el errabundo,
y sólo su existir ya es subversión:
es la nueva figura caminante
con Alma Venus en humilladeros
y en la lonja del sol estrangulado.
Así el poema: por decir palabras
y no aguachirle de cubil de rata
conversa con la voz de los pinares
y lo que traza en la palabra el ser.
Venus aparta dardos en Virgilio:
salvando vidas, iluminará
el rostro de las náyades dormidas
en un boscaje igual a nuestro mundo.
Bataneo de luz, batanería:
el sol acuña un madrigal de plata.
Somos palabras de este madrigal
como en la sedería de los ojos
la oscuridad disfraza su azabache
por ver brillar la rosa en las tinieblas,
detenida en lo oscuro del cenit.
El día cenital quizá ha llegado:
nos puede hacer justicia un resplandor
en la tierra vestida de cerezas:
los labios de Alma Venus en el sol.

XII

Don't tell me what the verses tell:
In the Franciscan light of the hills,
In the indigo legend of Poverello,
In sacred dialect, the Umbrian verses
Throng together in a turret of red.
Through workers' barracks or factories
The worsted-colored Poverello
Before the croaking of the rapine's eye
Lives, like Melmoth the wanderer,
And his mere existence is already subversion:
It is the new walking figure
With Alma Venus in shrines
And in the shred of the abandoned sun.
Thus the poem: to pronounce words
And not bilge from a rat's nest
It converses with the voice of the pine groves
And what being traces in the word.
Venus deflects darts in Virgil:
Saving lives, she will light up
The face of the sleeping naiads
In a thicket equal to our world.
Hammer-blows of light, fulling hammers on wool:
The sun coins a madrigal of silver.
We are the words of this madrigal
As in the sericulture of the eyes
The darkness disguises its jet stone
To see the rose glow in the gloom,
Detained in the dark of the zenith.
The day of the zenith may have come:
A splendor may give us our due
In the land enveloped in cherries:
Alma Venus's lips in the sun.

XIII

> La dictadura terrorista abierta de los elementos más reaccionarios,
> chovinistas e imperialistas del capital financiero.
> DIMITROV

Sólo por gusto de la simetría
llevaban cruz gamada los cadetes.
Nos respondían: «*Così, per bellezza*»
bajo la luz sabea del balcón
en las noches etruscas de Siena.
(«Fascistas en Siena», dijo Riba,
como viendo las piezas de un mecano,
en el cartón del palio de los muertos.)
Y estos ojos hundidos, Julius Évola,
¿ven la luz de relámpagos astrales
o las artillerías en Salò?
Lo ha nivelado todo una luz sola:
de Belchite a Florencia una andanada,
un disparo de Anzio a Badajoz.
En las fotos, los rostros se me esfuman:
viven en un momento detenido
o aquel momento han puesto entre corchetes,
del paso de la oca al puño alzado
de *Giovinezza* a la *Internacional*.
Así una bola corrosiva incendia
aquellos días de mi juventud
cuando en el Turó Park leía a Lorca
y Alberti era tan sólo un salinar.
(Aquella voz más tarde, oro pastoso:
la libertad de Italia en una sílaba.)
No me mandes seguirte, oscura Némesis:
yo sólo soy esta voracidad
de poder empuñar con la mirada
lo que he vivido y lo que no viví,
lo que el poema, al irisarse, dice,
tornasolando el cielo en Galaad,

XIII

> The open, terrorist dictatorship of the most reactionary,
> most chauvinistic and most imperialist elements of finance capital.
> DIMITROV

Solely from a liking for symmetry
The cadets were clothed with the swastika.
They answered us: *"Così, per bellezza."*
Under the Sabean light of the balcony
In the Etruscan nights of Siena.
("Fascists in Siena," said Riba,
As though seeing an erector set's pieces
In the cardboard pallium of the dead.)
And those sunken eyes, Julius Evola,
Do they see the light of astral flashes
Or artillery battalions in Salò?
A single light has leveled it all:
From Belchite to Florence a broadside,
A shot from Anzio to Badajoz.
In the photos the faces dissipate:
They live in a moment suspended
Or they have placed that moment in brackets,
Of the goosestep with the raised fist
From *Giovinezza* to the *Internationale*.
Thus a corrosive sphere set alight
Those days of my youth
When I used to read Lorca in Turó Park
And Alberti was but a salt breeze.
(Later that voice, lush gold:
In a syllable, Italy's freedom.)
Don't bid me to follow you, dark Nemesis:
I am solely this veracity
Of power to grasp with the gaze
What I have lived, and what I didn't live,
What the poem pronounces on, iridescing,
Igniting the sky in Gilead,

el arco iris de los versos idos,
la cucharada de la salvación.
Tan solos no estuvimos nunca: somos
el pimpampum de una verbena, churros
y pelotas de goma, tiro al blanco
del estrado a las gradas invadidas
por los furores de la parietaria,
con figurantes que de verdad sangran,
no en teatro de sombras: mortandad,
batidas en el tiempo de la trata,
y, más que nunca, el verso, insurrección.

The rainbow of verses departed,
The spoonful of salvation.
We were never so alone: we are
The tintinnabulation of folk dance, churros
And rubber balls, a shot at the bull's-eye
Of the platform with steps overrun
By the furors of the pellitory,
With walk-ons that actually bleed,
Not in theater of shadows: carnage,
Beaten in the days of enslavement,
And more than ever, verse, insurrection.

XIV

Señora de los ojos almendrados,
la señoría del país del mar,
señora de los báculos de nieve:
ha troquelado el tiempo un medallón
con tu rostro y mi rostro: nada somos
sin este recorrido de bengalas,
para que así podamos vivir más
(«hacer es vivir más», dijo Aleixandre)
y ser rayo y relámpago y candela:
lejano, el trueno nos dirá las voces
como, en el verso de Eliot, un tañido
suena después de la última campana,
dice la hora que el reloj no dice,
la de *Gertrud* de Dreyer, campanada
de hora que no es hora, intemporal.
La redecilla de tus sueños rubios,
la leonera de la intensidad
se han replegado hacia tus ojos claros,
en su resplandeciente cacería.
En los vientos ingrávidos, la noche
reconoce el tamiz de la centella:
está en tus ojos. Dame en estas manos
el árbol rojo de la juventud.

20-xii-2011/28-ii-2012

XIV

Lady of the almond eyes,
Ladyship of the county of the sea,
Lady with the crosier of snow:
Time has stamped a medallion
With your face and mine: we are nothing
Without this coursing of flares,
So that we will be able to live on
("To do is to live on," said Aleixandre)
And be thunder flash, lightning bolt, taper:
The thunder in the distance will tell us the voices
As in Eliot's verse, a tolling
Sounds afar after the final bell call,
Tells the hour the clock does not tell,
That of Dreyer's *Gertrud*, pealing
Of the hour that is no hour, atemporal.
The fine mesh of your blond dreams,
The lion's den of intensity
Have buckled toward your eyes,
Fiery in their resplendent venery.
In the weightless winds, the night
Acknowledges the sieve of the spark:
It is in your eyes. Give me in these hands
The red tree of youth.

20-xii-2011/28-ii-2012

Second Book

The Senses at Peace with the Memory

In quella parte
 dove sta memora
In that place
 where memory resides
GUIDO CAVALCANTI

Los sentidos en paz con la memoria.
The senses at peace with the memory.
VILLAMEDIANA

Y para recordar por qué he vivido.
And to remember why I lived.
J. R. J.

I

Es el deseo página sacrílega.
Comparece en la luz con olifantes
o caperuza como el consiliario
o la toca de encajes del deán.
Es el deseo página de ciénaga,
es el deseo un mar amartillado:
la cuchilla del mar, los bronces plenos,
la nevazón del sol abovedándose,
gruta y penumbra del jardín de Bóboli.
Es el deseo un huracán de llama,
y en el deseo un huracán nos llama.
Llama y llamea, página románica,
capitel de estameña en coro pétreo.
Es el deseo página de plomo,
es el deseo página de plata.
La conjunción del sol con el deseo,
la luz en el eclipse deseada.
Tiene el deseo el ojo de la urraca,
el barro de arrumacos del caimán.

Así yo caminaba por los aires,
con las mallas del cielo de Granada,
como en espacios de Mona Hatoum.
Desperdigada luz, desperdiciada,
deshilachada vida en cojín florentino,
en Valmar terciopelo entredorado,
jirón ya al fin de púrpura vencida.
Si su nombre es legión, los asesinos
viven en un rectángulo de luz:
4.3, las proporciones áureas
de la pantalla del ordenador,
formato optimizado de la sangre,

I

Desire is a sacrilegious page.
The light appears with olifants
Or the hooded cloak of the prelate
Or the lace headdress of the deacon.
Desire is a page of the morass,
Desire is a hammered sea:
The sea's razor, the voluminous bronzes,
The snowstorm of the vaulting sun,
Grotto and penumbra of the Boboli gardens.
Desire is a hurricane of flame,
And in desire a hurricane calls our name.
Name and flame, Romanesque page,
Capital of muslin in chorus of stone.
Desire is a page of lead,
Desire is a page of silver.
The conjunction of sun and desire,
The light of the longed-for eclipse.
The eye of the magpie has desire,
The grime of the cayman's caress.

Thus I once walked through the airs,
With the mesh of the sky in Granada,
As in spaces of Mona Hatoum.
Light scattered, cast away,
Life unraveled on a Florentine cushion,
In Valmar, gold-threaded velvet,
Routed shred of purple, already at its end.
If their name is legion, the assassins
Live in a rectangle of light:
4.3, the aureate proportions
Of the monitor of the computer,
Format optimized for blood,

retícula encuadrada en telediarios.
Voici le temps des assassins: hachís
masticado en la noche petrolífera.
Con chilaba de luz, los muecines
alancean el cielo violeta:
azora de la noche flagelada,
como cuando murió Nasser, el rais.
Un clamoreo en tierra mancillada:
la palabra perdida en el aduar.
Perdidos todos como musulmanes:
nuestro Islam tiene el nombre de Karl Marx.
Y de cara a la muerte vamos todos:
las noches blancas de San Petersburgo,
la luna de Madame de Sévigné,
emborronan los rostros con su lepra,
nos maquillan de figurines póstumos,
como los maniquís que condecora
Nicholas Ray en el cuartel de Trípoli.
Inanimados, blancos, en lo oscuro
somos hoguera roja al destellar.
Lo blanco va a lo rojo y nos enciende:
el fruto del deseo prende estopa
en la piel más de fuego que de loza pintada,
que en un lecho quería, o en un amor, la noche.
Porque el amor de golfos insurrectos
en Posíllipo vive del volcán.
Ventea el fuego lirios y ceniza
en la chalupa del jardín del agua:
en los ojos del agua, la medusa
tiene la cara de mi juventud,
entregada ya al viento, el paseíllo
de los estoques a portagayola.
Más allá del corral de los espejos,
vive el fuego en la túnica encendida:
nos vestirás de llama recamada,
cuerpo de la mujer, oh Deyanira.

Squared reticle of the nightly news.
Voici le temps des assassins: hashish
Chewed in the petroliferous night.
With the djellaba of light, the muezzins
Pierce the purple night with their lances:
Alarm of the flagellated night,
As when Nasser died, the rais.
The clamor is maculate land:
The word lost out in the sticks.
All of us lost like Muslims:
Our Islam bears the name of Karl Marx.
And, in the face of death, we all go:
The white nights of Saint Petersburg,
The moon of Madame de Sévigné,
With their leprosy, smudge the faces,
Make us up like posthumous figurines,
Like the mannequins decorated
By Nicholas Ray in the barracks in Tripoli.
White, inanimate, in the darkness
We are red bonfire when we scintillate.
The white reddens and sets us alight:
The fruit of desire sparks the hessian
In the skin more of fire than of stoneware,
Coveted by night, reclined on its bed, or in love.
Because the love of insurrectionary lowlifes
Is fed by the volcano in Pisillipo.
The fire fans lilies and ash
In the rowboat of the water garden:
In the eyes of the water, the jellyfish
Bears the face of my youth,
Rendered to the wind, the coup de grâce
Of sabers that greet the bull on its sally.
Beyond the barrier of mirrors
Lives the fire in the tunic in flames:
You will dress us in flame embroidered,
Woman's body, oh Deianira.

II

La lanzada del aire perdonado,
la cruzada del viento de los niños
las cuevas de Yugurta en la Tripolitana
(Fosco Giachetti en la luz de Bengasi),
la espingarda, el plumaje, las banderas
de fantasías y de dinastías,
con el viento espacioso de Salustio,
los *graffiti* en lo oscuro del salitre,
la posesión del hervor de las rocas,
las angarillas, cetro de latón,
corona de latón, la frente anestesiada,
los olivares de la noche muerta:
no nos hieren así, no en un tiempo de escudos
y de arneses al sol tiroteados,
una y todas las guerras en el coso
de las corolas de la luz que muere;
si es el pasado un tiempo de epopeya
es el presente luz de botiquín,
con los caballos ya desjaretados,
con la bombilla de ojos paralíticos,
que ha abrasado el cristal en su bisel,
así vemos el día en luz enferma
en el borrón de las horas sedadas;
así se desvanece la estampilla
del marchamo del atrio de la muerte.
By the heels at Milano es otra crónica:
son los amantes de lo enceguecido,
el pasacalle de la extremaunción,
bandeja oferta a una Herodías ciega,
cuando la tañedura del juglar
suena con el chasquido de las latas.

II

The lance-blow of the air forgiven,
The crusade of the children's wind
The caves of Jugurtha in Tripolitania
(Fosco Giacchetti in the light of Benghazi),
The Moorish musket, the plumage, the banners
Of fantasizing and dynasties,
With the expansive wind of Sallust,
The graffiti in the darkness of niter,
The possession of boiling of the stones,
The handbarrow, the brass scepter,
The brass crown, the anesthetized forehead,
The olive groves of the perished night:
Thus they do not wound us, not in a time of shields
And of harnesses shot at in the sun,
One and all wars in the bullring
Of the corolla of the light that dies;
If the past is a time of epics
The present is the light of the clinic,
With the horses already unbridled,
With the light bulb of eyes paralytic,
Which has scorched the glass in its bezel,
Thus we see the day in sick light
In the blur of the hours sedated;
Thus the customs stamp vanishes
In the waiting room of death.
By the heels at Milano is another chronicle:
They are the lovers of the blinded,
The passacaglia of the extreme unction,
Serving tray offered to a blind Herodias,
When the playing of the jongleur
Sounds out with a crinkling of tin.

III

El pagador de las espadas rosa,
el pagador del aire corregido,
el viento con sus túneles verdosos,
un laberinto en Villa Menafoglio,
la bocanada del jardín de raso,
pérgola de la noche despeñada,
la noche de los sueños entelados,
el jengibre del páramo en la luz,
como los muertos andan por Comala
—«Son los tiempos, señor»—garrapatea
la melodía de la luz sin luz:
el carbón de la luz, la carbonilla
del sol vacío del confaloniero,
el aposentador de la tiniebla,
que me abre los años con sus hojas,
con batiente las puertas de cristal
que no se toca y no se ve, y es duro
como el cantil del aire en las esquinas,
como el metal del cartabón que mata,
como una escuadra de aparejador
de las rosas de un parque de difuntos,
como el jardín sin ira de la muerte,
como la tercería del monzón
que rodea y devuelve y desenlaza
y nos devuelve a almiares morabitos
en fuegos fatuos de la adolescencia
(«Cementerio de besos, aún hay fuego en tus tumbas»)
para poder vivir en el relámpago
para así en el incendio vivir más.

III

The pink paymaster of the swords,
The paymaster of air corrected,
The wind with its verdant tunnels,
A labyrinth in Villa Menafoglio,
The gust from the garden of satin,
Pergola in the depopulated night,
The night of dreams draped in tapestries,
The ginger of the wasteland under light,
As the dead amble through Comala
—"It's the times, sir"—scribbles
The melody of light without light:
The coal of the light, the coal dust
The empty sun of the gonfaloniere,
The lodge keeper of the gloom,
Which opens my eyes with its leaves,
With the frame of the doors of glass
Neither touched nor seen, and hard
Like the ledge of air in the corners,
Like the metal of the fatal quadrant,
Like the T-square of the surveyor
Of the roses of a park of the departed,
Like the wrathless garden of death,
Like the monsoon's arbitration
That surrounds and hurls back and unravels
And returns to marabout hayricks
In fatuous fires of adolescence
("Cemetery of kisses, there is still fire in your tombs")
To be able to live in the flash,
To thus, in the fire, live on.

IV

Van los hombres azules por el mar,
por las dunas jinetes van azules:
caballeros azules, cuerpo azul
por la billetería a pleno sol;
la nota de color es disonancia
en la hora del robo a paletadas;
hombres azules que miró Paul Bowles;
en la jaula de hierro, el contador
del truchimán de las usurerías,
como el embozo del cólera morbo
tras la cara pintada del coplero,
Death in Venice, cal viva en las esquinas,
como Lasa y Zabala sepultados,
como las agonías del salón:
por la ventana van hombres azules,
por la portada de los sueños rotos,
donde el nervio del día va rasgado;
lo estrangula una cuerda de guitarra,
apuñalado el tañedor de cítara,
disuelto en salfumán todo Watteau,
la techumbre de nieve saqueada,
a martillazos de cristal el pecho,
en la taladradora de lejía,
en la trepanadora de aguarrás.
Las rosas, de la púrpura a la plata,
púrpura de la rosa en Calderón,
plata roja en la luz de la memoria,
violentando el sonido, no el sentido,
o más bien el recuerdo del sentido,
la llama de la plata color púrpura
que cauteriza este lagar del pecho,
este lugar del hecho de armas blancas,

IV

The blue men pass through the sea,
The gypsies move blue through the dunes:
Blue horsemen, blue body
Through the foyer in the blazing sun;
The note of color is dissonance
In the hour of the spoliation;
Blue men seen by Paul Bowles;
In the iron cage, the money counter
Of the moneylenders' go-between,
Like the cloak of *colera morbus*
Behind the painted face of the poetaster,
Death in Venice, live whitewash in the corners,
Like Laza and Zabala entombed
Like the agonies of the salon:
Through the window the blue men pass
Through the facing page of broken dreams,
Where the nerve of the day goes frayed;
A guitar string asphyxiates it,
The sitar player stabbed,
All Watteau dissolved in spirits of salt,
The roof of snow plundered,
The breast with hammer-blows of glass,
In the drill of bleach,
In the trephine of turpentine.
The roses, from purple to silver,
Purple of Calderón's rose,
Red silver in the light of memory,
Distorting the sound, but not the meaning,
Or rather, the memory of the meaning,
The silver of the purple-colored flame,
Which will cauterize this vat of the breast,
This place of the deed of white weapons,

este lagarto rojo del vivir,
como en la cueva de Paolo Uccello
acecha el drago, acecha el endriago,
pero en las lejanías del paisaje
armoniza lo verde hombres miniados;
así, entre bastidores del deseo,
como muestra la grúa en *Limelight*,
sigue nuestro ballet ceremonial,
la máquina del cerco del amor,
los trapecistas de la llamarada.
Vive en lo oscuro el pabellón de caza
que alimenta a los seres del placer:
de lado a lado va la luz flechada
por criaturas de la oscuridad;
sienten esta verdad cuerpos exánimes
con la cota de malla del deseo,
le désir attrapé par la queue,
cotas de malla en si desmadejadas,
brillantes como el fuego en el rastrojo,
con la guadaña de la claridad,
en la trasmutación de meteoros
en que el amor va y viene, en que Gilberte
cabalga el hipogrifo de Rosaura
y Segismundo en el corral de Almagro
tiene ojos de mujer y es Segismunda:
las balanzas del ser, paracaídas
arrojados los unos en los otros;
son bombas de confetti, pero son
el bombear de la pasión de ser.

This rubicund reptile of life,
As in the cave of Paolo Uccello,
Crouches the dragon, crouches the Endriago,
But in the distances of the countryside
The green harmonizes the illumined men;
Thus, among the framing of desire,
As the crane demonstrated in *Limelight*,
Our ceremonial ballet goes on,
The siege engine of love,
The trapezists of the heat flare.
It lives in the shadows of the hunting lodge
It nourishes the creatures with pleasure:
From side to side goes the pierced light
Through creatures of the darkness;
Exanimate bodies speak truth
With the chain mail of desire,
Le désir attrapé par la queue,
Weakened coats of chain mail,
Brilliant like the fire in the stubble field,
With the scythe of bright light,
In the meteors' transmutation
In which love comes and goes, where Gilberte
Mounts the hippogryph of Rosaura
And Segismundo in the auditorium of Almagro
Has the eyes of a woman, and is Segismunda:
The scales of being, parachutes
Catapulted one inside the other;
They are confetti bombs, but they are
The lobbing of the passion for being.

V

La Europa que describe Rossellini
—años 50—¿es ya la Europa nuestra?
Nos precedió, simétrica, la noche de Walpurgis:
Europa unida ya sin pasaportes
—*que voulez-vous la rue était barrée*—,
vino de la reserva federal,
un fotograma en blanco y negro y gris:
los erizos de mar comen Europa
(«Uropa», dijo el punto filipino,
el corredor de apuestas más cañí.)
La tinta china de las aguas negras,
el chapapote del rapto de Europa,
fábula de Marino oscurecida,
verso sangrado de Villamediana,
los *stock-shots* del más demente sueño
viran en rojo vistos por Minnelli:
sin uniforme ya y sin correajes,
van los sepultureros y cambistas.
Filmad en digital esta agonía
(«En Europa, alemán», decía Heidegger,
y Heráclito: «El fuego, cuando avance,
todo lo va a juzgar y condenar.»)
Filmad en digital la luz escafandrista,
el buzo de las aguas venenosas,
la pulpería de moluscos muertos.
Mas Europa adelante, hacia lo hondo
no moriremos: vivirá el pigmento
de toda la pintura, vivirá
el pigmento de luz de tantos cuerpos,
vive la serpentina pigmentada
del carnaval y de las bacanales
(Rubens, copista de Tiziano en Andros),

V

The Europe Rossellini described,
—The 50s—is it our Europe already?
Symmetrical, Walpurgis Night preceded us:
Europe united, without passports
—*Que voulez-vous la rue était barrée*—,
The wine of the Federal Reserve,
A photo in black, white, and grey:
The sea urchins devouring Europe
("Uropa," the scam artist uttered,
The bookmaker most gypsy.)
The Chinese ink of black waters,
The blacktop of the rape of Europa,
Darkened fable of Marino,
Blood-soaked verse of Villamediana,
The stock-shots of the most demented dream
Seen by Minnelli take on a red tone:
Already out of uniform, sans leathers
Go the gravediggers and the moneychangers.
Film these death throes in digital
("In Europe, German," Heidegger said,
And Heraclitus: "Fire, in its advance,
Will judge and condemn all things.")
Film the aquanaut light in digital,
The diver in the venomous waters,
The trading post of molluscs deceased.
But onward Europe, to the deep
We will not die: the pigment of all painting
Will live, the pigment of light
Of so many bodies will live, it lives
The varicolored streamer
Of carnival and bacchanals
(Rubens, copyist of Titian in Andros),

y la cámara oscura de la alcoba,
pigmentada de piel que reverbera.
Los Carracci pintaban esta pompa:
arcos desvanecidos en Bolonia,
artillería hecha luz de frescos.
Viviremos allí: cuando perezca
lo que es Europa desde el Tajo al Neva
no podrá perecer: la salvará
el instante inmortal en que los cuerpos,
en las oscuridades o en el óleo,
encuentran su absoluta salvación,
el diamante del tiempo intemporal;
y una vez más diremos: «Lilí, quiéreme»,
como al disparar dijo Mayakovski.

And the alcove's camera obscura,
Pigmented with reverberating skin.
The Caracci once painted this pomp:
Arches disappeared in Bologna,
Artilleries of frescoes made light.
We will live there: when it perishes
From the Tagus to the Neva, what Europe is
Cannot perish: the immortal instant
Will save it, where bodies
In the darkness or in oils
Discover their salvation absolute,
The diamond of atemporal time;
And we will say once more: "Lilya, love me,"
As Mayakovsky did when he fired.

VI

El hueco de la noche medieval,
tiempo de tempestad, rodea el monte,
pirograbando leños del hogar:
destocado y descalzo por la nieve
va el de salvaje corazón, Ausías:
así, al modo iracundo, peregrino
hacia su propia cólera encendida,
hacia su propio dilema guerrero;
así el zigzag del ábrego en la peña,
la cellisca del viento reventado,
el parpadeo de la cimitarra,
el pestañeo de la chirimía:
así vivimos entre el monte oscuro
—en secreto, que nadie nos veía—
y el caballero de la tempestad:
avanza de perfil hacia Florencia
o asciende por la sacra San Michele,
garfios de oro en la negrura, garfios
en la pechera del smoking blanco:
en el mundo de ojos del escote
la voz marina de la dalia azul:
muerte de los *croupiers* y los *marines*,
calles regadas en la oscuridad,
muerte trazando al sesgo en el casino
tiempo de tempestad, puertas adentro:
yo no me llamo Cecilia Valdés
y las horcas del viento habanero
no batirán las calles despojadas,
el jardín de sonetos de la palabra,
no habrá ciclón que desensille el muro,
nadie me llevará ladera arriba,
mundo del lobisón o del no muerto,

VI

The hollow of the medieval night,
Time of tempest, envelops the mountain,
Pyrographing firewood in the hearth:
Hatless and barefoot in the snow
Goes Ausías, he of the savage heart:
Thus, in a wrathful manner
Pilgrim to his own enflamed rage,
Toward his own bellicose dilemma;
The zigzag of the south wind in the crag,
The sleet of the agitated gale,
The eye-batting of the scimitar,
The blinking of the chirimía:
Thus we live between the dark mountain
—In secret, as no one could see us—
And the cavalier of the tempest:
Advances in profile toward Florence
Or ascends through sacred San Michele,
Hooks of gold in the blackness, hooks
On the white tuxedo's lapel:
In the world of eyes of the neckline,
The blue dahlia's maritime voice:
Death of the *croupiers* and the *marines*,
Streets irrigated in darkness,
Death tracing the margins in the casino,
Time of tempest, doors opening inward:
My name is not Cecilia Valdés
And the gallows of the wind in Havana
Will not pound the dispossessed streets,
The garden of sonnets of the word,
No cyclone will unseat the wall,
No one will take me up the hill,
World of the luison or of zombies,

fantasma en la familia jamaicana,
nadie me mirará con ojos glaucos,
nadie me mirará,
                    las armas rosa
de la boda de zíngaros de sangre,
bodas de sangre, sí, con cuchillito,
cuchillería de la boda en rojo;
llevan acuchillados los jubones
los caballeros de la tornaboda,
llevan arrebolado el espaldar,
del color de las armas de su dueño.
Así nos encadena la herrería
de los postigos de la noche azul;
la sillería de los sueños rotos
en las salas del aire que va rondando el aire;
la tempestad cuartea los cristales,
pero vivimos de la tempestad.

Ghost in the family Jamaican,
No glaucous eye will turn to me,
No one will watch me,
                              pink weapons
Of the zingaro weddings of blood,
Blood-weddings, yes, with a penknife,
Cutler of the wedding in red;
They attire in their knife-pierced doublets,
Knights of the after-wedding feast,
They bear the red-painted chairback,
The color of the arms of their master.
Thus we are chained by the forging
Of the jalousies of the blue night;
The ashlar of shattered dreams
In the rooms still enveloped in air;
The tempest cleaves the windows,
But it is from the tempest that we live.

VII

Fantaseando, descubrí el amor,
pero el amor es algo realista;
fantaseando, descubrí el poema,
mas el poema crea realidad;
como la servidumbre de los coros
puntuando *Athalie,* la fantasía
descubre lo real, la daga oculta,
gata de Angora en pliegues del tapiz.
Fantaseando, me encontré al poema,
fosfórico en la cueva del lenguaje:
como pistoletazos, las palabras
llenan el aire de pólvora y rosas.
Así, en Sant'Anastasia, el paladín
lucha por la princesa más dorada;
así brilla el acero en campo abierto
como en un mediodía de luciérnagas.
El exorcismo en sombra de George Soros,
la lanceta o espada de Noam Chomsky;
un país de poternas y castillos
para una justa en la irrealidad
que finge ser real, el pozo negro.
Yo venía del viento entre los pámpanos
y de las artimañas del metal:
yo venía del aire desprendido,
del sol que reta al mar por bulerías;
venía de la escuela de los ojos
que ven la bailarina de *Metrópolis:*
venía de los álamos de noche,
reales sobre todo en el poema;
en el polo magnético del verso,
cada palabra es fructificación.
Venía de vivir en el poema,
para que así el poema viva en mí.

VII

In fantasy I discovered love,
But love is a figure of realism;
In fantasy I discovered the poem,
But poetry fashions the real;
Fantasy, like the servitude of choruses
That punctuate Racine's *Athalie*,
Discloses the real, the dagger concealed,
Angora feline in tapestry pleats.
In fantasy, I met with the poem,
Phosphoric in language's cave:
Like pistol shots, words fill the air
With gunpowder smoke and roses.
Thus the paladin in Sant'Anastasia
Fights for the princess most gilded;
Thus glints the steel in the open field
As in a midday of fireflies.
Exorcism of Soros in shadow,
The lancet or sword of Noam Chomsky;
A country of posterns and castles
For a joust on the fields of the unreal
A cesspit that feigns palpability.
I came from the wind among the tendrils
And from the machinations of metal:
I came with the air expelled,
By the sun daring the sea with bulerías;
I came from the school of the eyes
That watch the ballerina in *Metropolis:*
I came from the poplars of the night,
Real, above all, in the poem;
In the magnetic pole of verse,
Each word is fructification.
I came from living in the poem
So that thus, the poem would live in me.

VIII

¿Hasta el definitivo manierismo
van los poemas en su discurrir,
o van más bien a lo esencial del trazo,
la escritura cursiva del final?
Domada ya la voz, ella me doma:
«Paseábase el rey moro
por la ciudad de Granada,
desde la puerta de Elvira
hasta la de Bibarrambla»
(*No one is told in Bibarrambla:
everybody is reading you!*,
me escribió Jaime Gil treinta años atrás).
Como en el cafetín de *The Docks of New York*
(«Los ojos se me llenaban de lágrimas», dijo Borges)
una música oída en el silencio,
música de las nieblas, el resplandor de un párpado de plata,
música oculta de silencio y sombras,
nos apuñala en plena oscuridad.
Fue la patria inicial y la última:
The Saga of Anatahan, The Shanghai Gesture,
amplían o resumen este espacio,
reproducen la luz ya moldeada
en el morral del cafetín del humo.
Así, tal vez, cualesquiera palabras
remiten a palabras iniciales,
a los desvanes de lo inaugural
donde tropezaremos con las sombras
de quienes fuimos, hechos ya palabras,
hechos ya el humo de algún cafetín.
Así, tal vez, la tienda del tungsteno
(Vallejo en la platea ve *The Docks of New York*)
alberga las imágenes selladas,

VIII

Toward the definitive mannerism
Travel the poems in their passage,
Or is it rather toward the essence of the tracing,
The cursive writing of the end?
Already tamed, the voice tames me:
"The Moorish king was riding
Through the city of Granada,
From the gate of Elvira
To the gate of Bibarrambla"
(*No one is told in Bibarrambla:
Everybody is reading you!*
Jaime Gil wrote me, thirty years back).
In the dive from *The Docks of New York*
("My eyes filled with tears," said Borges)
A music heard in the silence,
Music of snows, nictation of splendid silver,
Hidden music of silence and shadows,
Stabs us in darkness's depths.
It was the first and last fatherland:
The Saga of Anatahan, The Shanghai Gesture,
They widen or collapse this space,
Reproduce the glimmer cast
In the drag sail of the smoke-filled dive bar.
Perhaps thus, whatever words
Recur to the first words,
To the garret of the inaugural
Where we will bump into the shadows
Of who we were, already made word,
Already made the smoke of some dive.
Thus, perhaps, the tent of tungsten
(Vallejo sees *The Docks of New York* from the stalls)
Shelters the images sealed,

el alfiler prendido del poniente,
Otranto en el castillo de la luz.
No es una finta ni es un arabesco:
la palabra, al decirse, nos dirá;
no es la facilidad lo que nos desarzona,
es la crecida de lo tenebrista.
Pronto un plato de sombras mostrará
que nos devora el sol con boca negra:
hemos vivido de empuñar la sombra.

The west wind's flickering needle,
Otranto in the castle of light.
Neither feint nor arabesque:
The word, being spoken, will tell us;
It is not ease that throws us,
It is the swelling of the tenebristic.
A swerving of shadows soon shows
How the black-mouthed sun devours us:
We have lived by clinging to shadows.

IX

Desempolvando el pelucón del alba
desempolvando la peluca rubia,
desempolvando el oro del peluco,
desempolvando el mar empelucado,
de raíz a raíz, de palabra a palabra, de sintagma en sintagma
corren las espirales de la luz.
Como en ojos de Venus de Cranach
mi juventud ahí relampaguea.
Aguas perdidas en el arenal,
en el centeno de la luz que calla;
las jabalinas del paisaje en sombras
y la encerrona de los monasterios.
Se descubren los rasgos de una momia
tras la visera de los caballeros.
De hito en hito los ojos de mercurio
de los guerreros del galope muerto.
Despacio los molinos de los dioses
muelen oro en la noche cosechada.
La vida fue entrevista en los repliegues
como en la claridad de celosías,
para ver la kermesse de la noche,
para ver el mortero del morir.

IX

Dusting the tresses of dawn
Dusting the flaxen hairpiece,
Dusting the timepiece of gold,
Dusting the fleece of the sea,
From root to root, word to word, syntagm to syntagm
Flee the spirals of light.
As in the eyes of Cranach's Venus
There, where my youth scintillates.
Waters lost amid quicksand,
In the rye of the stilling light;
The javelin of the countryside in shadows
And the ambuscade of the monasteries.
The traits of a mummy are discovered
Behind the visors of the horsemen.
From milestone to milestone, the mercury
Eyes of the warriors at dead gallop.
Slowly the mills of the gods
Mill gold in the harvested night.
Life was interview in the retreats,
As in the clarity of latticeworks,
To see the kermesse of the night,
To witness the mortar of death.

X

La fullería del vivir: andamos
con narices postizas, voz gangosa,
tras el cartón, tras el papel maché,
como en el pabellón de Villa Valmorana.
La noche lleva sólo un pañolón:
el floripondio de las rosas blancas,
florecidas en junio y en enero,
—cardo y ortiga nunca más—, la samba
que filmaba Orson Welles de noche en Río.
Todas las noches son intercambiables:
es la hora de andar con camuflaje,
la hora de las torres y los respiraderos,
la guerra de los truenos en el monte.
Van los monteros en la oscuridad,
como la alevosía de los años
que desgarran el cutis del cielo en primavera.
Fue nuestro nombre primavera, y hoy
nuestro nombre será el de la borrasca,
nos llamaremos tormenta de nieve,
ojo a la vez de cíclope y ciclón,
ciclán de ojos de noche despellejada,
tuertos en la tiniebla del volcán
(«Donde espumoso el mar siciliano...»)
ascendiendo en la lava de palabras
las cenizas disueltas en el mar:
mariposas en sí resucitadas,
navegaciones en galera roja,
con las brasas de la sacramental.
El fuego consumió la primavera:
la tramontana de los soñadores
tiene esta noche el ojo del temor.

X

The legerdemain of life: we walk
With prosthetic noses, nasal voice,
After the papier-mâché, after the cardboard,
As in the pavilion of the Villa Valmarana.
The night wears only a shawl:
The embellishment of white roses,
Flowered in January and June,
—Cardoon and nettle and no more—the samba
That Welles filmed in Rio by night.
All the nights are interchangeable:
It is the hour to stroll in camouflage,
The hour of towers and airways,
The war of the thunderbolts in the mountain.
The huntsmen go in the darkness
Like the premeditation of years
That tear the spring sky's complexion.
Spring was our name, and today
Our name will be cyclogenesis,
We will call ourselves tempest of snow,
Eye at once Cyclops and cyclone,
Monorchid of harrowed night eyes,
In the volcano's shadow monocular
("Where foaming the Sicilian sea...")
Ascending in the lava of words
The ashes dissolved in the sea:
Butterflies returned to their senses,
Navigation in a galley-ship red,
With the embers of the sacramental.
Fire devoured the spring:
The north wind of the dreamers
Tonight has the eye of trepidation.

XI

Ningún poema es argumental
(«ningún hombre es visible», dice la voz luliana),
ningún poema palpa hechos narados:
palpan limosna de la tempestad,
palpan el cielo raso de arpilleras,
palpan la vida del amanecer.
A tientas por la hora departida
van los poemas al transterramiento.
El tiempo es un poema numismático:
medallones, blasones, camafeos
inmovilizaciones de la hora,
vuelta una cacería en un bosque de estemas.
Me dieron caza así: creímos siempre
en el oro pintado en Botticcelli,
cabelleras diáfanas en el verde sombrío,
la historia de Nastagio degli Onesti,
la sangre que decora los manteles
en las persecuciones del lebrel.
Me dieron caza así, pero doy caza
a la palabra y la pasión: los choques
de la celada y de los morriones,
el choque de los cuerpos en la luz
el chasquido de cuerpos y palabras, el rayo
que descuaja la rota de Amadís.
Los cazadores de sí mismos viven
como en las arboledas de las dríadas:
cuerpos de ninfas en la luz boscosa
sombras de ninfas en el caz solar,
Plutón late en las células del miedo:
llevaremos la vida en cabestrillo,
como en el rododendro de la noche
el alba con su encaje de Malinas

XI

No poem has its marrow in plot
("No man is visible," says the Llullian voice),
No poem touches narrated deeds:
They touch the arms of the tempest,
They touch the clear sky of sackcloth,
They touch the life of the dawn.
Halting, for the mingled hour
The poems travel toward their displacement.
Time is a poem numismatic:
Cameos, blazons, medallions,
Immobilizations of the hour,
A hunt in a forest of stemma.
Thus they gave me chase: we always believed
In the painted gold of Botticelli,
Diaphanous tresses in the somber green,
The story of Nastagio delgi Onesti,
The blood that decorates the mantle
In the febrile hunt of the harriers.
Thus they gave me chase, but I give chase
To passion and the word: the clashes
Of sallets and morions,
The clashes of bodies in light,
The snapping of bodies and words, the ray
That breaks the sword of Amadis.
The hunters themselves live
As in the groves of the dryads:
Bodies of nymphs in the wooded light
Shadows of nymphs in the solar mill race,
Pluto throbs in the cells of fear:
We will live out our lives in splints,
Like the rhododendron of the night,
The dawn with its Mechlin lace,

la encajera en la luz ocre de Deft:
Bergotte muere contemplando el cuadro,
como ante Uccello muere Sara Carr.
En un destino de fulminación
se entrelazan la vida y el poema.
Proyectos de relámpagos grafían
la sala de las cúpulas sin voz,
la estrellería astróloga de Mantua.
Las cámaras del negro palomar,
la puntería de los ballesteros
la vuelta al mundo de los dos pilletes
o las dos huerfanitas de París:
vicisitudes del amor en fuga,
la desbandada en la opresión del sol.
Explotan las espátulas azules
con las que el tiempo tiñe los boscajes:
cintas de cielo, rayos, tafilete,
el velo de Verónica del día.

The lacemaker of Delft's ochre light:
Bergotte dies contemplating the painting,
As Sara Carr dies facing Uccello.
In a destiny of fulmination
Are interlaced life and the poem.
Ambitions of flashes graph
The room of the voiceless cupolas,
The astrologic horoscopy of Mantua.
The chamber of the black dovecote,
The sharpshooting of the bowmen
The return of the world to the two street scamps
Or the two orphanesses of Paris:
Vicissitudes of love in flight,
The stampede in the oppression of sun.
Explode the blue palette knives
That time used to color the forest:
Morocco leather, lightning, bands of sky,
The Veil of Veronica of day.

XII

Admoniciones: ¿cabe replicar
a las mensajerías de lo oscuro?
Como Stanley en pos de Livingstone
—¿llevaban salacot?—o como ondula
en Città di Castello la Madonna
en el cuadro de Luca Signorelli,
o como, bajo máscaras etruscas,
vemos un rostro en un anillo de oro
rubio como un triángulo dorado
(el fingimiento del agro de Etruria),
en plena noche la marejadilla
devuelve un resonar de caracolas
en la martillería de los pulsos,
al oído unas voces lancinantes,
gemidos de dolor de un corno inglés.
Así tendremos que vivir del todo,
así tendremos que morir del todo:
el haz y envés, el filo de las hachas,
la defenestración de las estrofas
en que el vivir consiste, el *ritornello*
de leones asirios en el tiempo
que los museos cloroformizaron,
pero que, como en Odessa el león de piedra,
se ha de poner en pie para buscar
en la llanura, *quaerens quem devoret*,
nuestro propio demonio sepultado
en la lapidación de los espejos:
múltiples en la luz, nos avistamos,
como las carabinas del torneo
miden su superficie en la distancia;
por tanto prosaísmo en el detalle
no olvidamos la vida en el pavor

XII

Admonitions: is it fitting to reply
To the letter-bearers of the darkness?
Like Stanley in search of Livingstone
—Crowned with safari hats?—or the Madonna
Flapping in Città di Castello
In the painting by Luca Signorelli,
Or as, beneath Etruscan masks,
We lay eyes on a face ringed in gold
Blond as a golden triangle
(Forgeries of the farmland in Etruria),
In the depth of the night the swell
Returns a resounding of seashells
In the hammer-beat of the pulse,
To the voices that puncture the ear,
Shrieks from a cor anglais.
Thus we will have to live fully,
Thus we will have to die fully:
The verso and recto, the axe-blade,
The strophes' defenestration
Comprising life, the *ritornello*
Of Syrian lions in time
Once chloroformed by the museums,
But that, like the stone lion in Odessa,
Must rise to its feet to seek
In the flatlands, *quaerens quem devoret*,
Our own entombed demon
In the lapidation of the mirrors:
Multiple in light, we spot ourselves
As rifles in the tourney
Measure the surface in the distance;
With such prosaicness in detail
We do not forget life in the dread

del oscuro sofoco en la montiña,
en la guarida de la noche brava.
Vivir es asomarse y abismarse:
el abismo nos llama, la agresión de la luz
con sus fauces de luna desdentada
o su albañilería de cristal:
tantos cuerpos de noche proyectados
al espacio sin límites del día,
tanta piedad por tantas cosas vistas
del emparrado que recorre el mar
invertido, en lo cónico del cielo,
el emparrado en luz de los desnudos,
este viñedo verde del vivir.
Si el tema de este texto es el lenguaje,
el poema no puede terminar.

Of the dark stifling on the mount,
In the lair of the ferocious night.
To live is to peek out and plummet:
The abyss calls us, the light's aggression
With its maul of toothless moon
Or its masonry of crystal:
So many bodies of night projected
In the limitless space of the day,
Such pity for so many things seen
From the trellis traversing the sea
Inverted in the conic of heaven,
The trellis of light of the nudes,
This green vineyard of living.
If the theme of this text is language,
The poem cannot come to an end.

XIII

El vendedor del maletín de niebla,
vacío por su propia plenitud,
custodia los poemas: son las cáscaras,
la mano de marfil desacertado
que empuña el aldabón, la colegiata
con el trucaje de la sacristía
(en San Giorgio Maggiore, el mármol arde
con la blancura ciega de un teatro
en la crujía del manglar del agua).
Rosas azules por el agua roban
la tremolina de la tempestad.
Esto son los poemas: esparcidos
como en el mar Carlotta esparce un ramo,
las zapatillas rojas del morir,
si cae un cuerpo rosa en la Corniche,
las zapatillas rojas del deseo
en la humareda de los reflectores.
Ser y no ser teatro del poema,
ser y no ser teatro de la mente,
ser y no ser la transfiguración
de la palabra en el papel de calco,
en la calcomanía del carmín.
Vivir es esto: al filo del poema,
la ruta del cinabrio de la luz.
A caballo del tigre va el chamán,
a caballo del verso el bululú,
todos fingimos ser distintas voces,
pasos del corifeo en Taormina,
la coral de las aguas en el mar,
el leopardo del aire en el jardín.
Así vivimos en la confidencia
de las escoriaciones del pasado:

XIII

The seller of the suitcase of fog,
Empty by its own plenitude,
Safeguards the poems: they are the shells,
The errant marble hand that grasps
The knocker, the collegiate
Church with the trompe l'oeil sacristy
(In San Giorgio Maggiore, the marble burns
With the blinding white of a theater
In the nave of mangrove of the water).
In the water, blue roses steal
The commotion of the tempest.
The poems are this: cast
As Carlotta casts a bouquet in the sea,
The red slippers of death,
If a pink body falls in La Corniche,
The red slippers of desire
In the smoke cloud of the spotlights.
To be and not to be theater of the poem,
To be and not to be theater of the mind,
To be and not to be the transfiguration
Of the word on carbon paper,
The carbon copy of carmine.
This is to live: on the edge of the poem,
The cinnabar route of life.
Mounted on a tiger goes the shaman,
Mounted on poesy the clangor,
All of us feign different voices,
Steps of the corypheus in Taormina,
The coral of the waters in the sea,
The leopard of air in the garden.
Thus we live in the confidence
Of the excoriations of the past:

la rozadura acre de algún cuerpo,
el rasguño en la piel lisa del codo,
la heráldica de uñas en la espalda,
las amonestaciones del deseo,
el sortilegio de las uvas pasas,
la granada del aire domeñado,
la granada del viento al estallar,
como ha de estallar mi vida en cápsulas;
fueron palabras y serán vacío
entre los palcos de la destrucción.

The strident grazing of some body,
The scuff on the elbow's smooth skin,
The heraldry of fingernails on the spine,
The admonitions of desire,
The divination of dried grapes,
The pomegranate of mollified air,
The pomegranate of the wind's detonation,
As my life must dehisce in its capsules;
They were words and they will be empty
Among the gallery seats of destruction.

XIV

Las avispas metálicas, amarillas y negras,
en el ventilador de mis veintitrés años,
extáticas, estáticas, erráticas:
ningún poema está por escribir;
como aquellas avispas, todos van
aleteando por el aire azul;
vuelan en espiral, quizá ni vuelan,
son un zumbido de hélices vacías,
como el motor de un reactor perdido,
porque siempre se alcanza a sí misma la vida,
porque siempre vivimos en aquella mañana
como un jarrón de verde plateado,
porque siempre nos besa el aire de los búcaros,
el salón de la noche del castaño de Indias,
las indianas del parque del Retiro,
como en el libro de Luis Rosales
que recibí en Mallorca, la isla rococó,
el país de Bearn y de Rubén Darío,
del carillón de Amberes en francés,
el juego de los ojos jaspeados,
las ataduras del poema, soy
a mis veintitrés años sólo imágenes,
veo el canal del seno entre las blondas del amanecer,
la *self-pity* es muy mala consejera y conseja,
tened piedad de mí, dije yo entonces,
todo el día se apiada de sí mismo en la aurora
(y hay cuerpos que no deben repetirse en la aurora),
el abalorio de la noche atada,
la picadura que en la sombra lía
el tabaco nocturno en la ciudad,
mal agüero el verano festoneado de avispas,
Aragon encontró sólo avispas en Dieppe

XIV

The metallic wasps, yellow and black,
In the fan of my twenty-three years,
Ecstatic, static, erratic:
No poem remains to be written;
Like those wasps, they all go
Winging through the blue air;
They fly in spiral, perhaps don't even fly,
They are a humming of vacant helices,
Like the motor of a runaway jet,
Because life always reaches itself,
Because we ever live in that morning
Like a vase of argentine green,
Because the air of the bucaros kisses us,
The night room of Indian chestnut,
The Indians in the Parque del Retiro,
As in the book of Luis Rosales
That I received in Majorca, the rococo island,
The country of Bearn and Rubén Darío,
Of the carillon of Antwerp in French,
The play of speckled eyes,
The ligatures of the poem, I am,
At twenty-three years of age, only images,
I see the canal of the inlet amid the blonda of the dawn,
Self-pity is very bad counsel and counselor,
Take pity on me, I said then,
All day in the aurora it pities itself
(And in the aurora certain bodies should not be repeated),
The glass bead of the ligatured night,
The sting in the shadows entwines
The city's nocturnal tobacco,
Ill omen the wasp-festooned summer,
Aragon saw only wasps in Dieppe

en la jornada de Sacco y Vanzetti,
sólo *des guêpes* acuden a la convocatoria,
así nosotros: ventear de avispas
que nos dan en cara, ventear
de sombras negras en el aguijón.

On the day of Sacco and Vanzetti,
Only *des guêpes* reply to the summons,
Thus we: the blowing of the wasps
That strike us in the face, the blowing
Of black shadows over the sting.

XV

Vayamos en la noche de los zorros
a repetir el día del jaguar.
Como el nagual de Carlos Castaneda
—más que un doble o custodio, el verdadero ser—
o como el duplicado estudiante de Praga,
como el salto de brumas y fuego del peyote,
como la corrosión del minotauro
en la flor del oído laberíntico,
vamos de recoveco en recoveco
en la noche sulfúrea del miedo.
La dinastía del jazmín del alba
cede a la apoteosis de la noche zorruna:
el rozar del pelaje y los colmillos
recorre el espinazo del talud.
Ya no es el salto del jaguar: el zorro
raya la noche de los esponsales.
Nos desposamos en el monte nublo,
con las ojeras de la agorería.
Con cristales de aumento puedo ver
la miniatura agigantada, el tiempo
que nos hará vivir esta extrañeza:
a la vez sombra, soledad y fuego.
Como viendo el castillo en Bellinzona,
el forro de la noche tropical,
muralla de coral, nos hipnotiza
con su silencio de troneras negras,
su rosetón de hojas agostadas.
La geometría inmóvil de los actos
rotos en la cuadrícula del tiempo,
los casilleros del vivir, el jaque
mate de nuestra vida ajedrezada.
Es el escaque de la noche: el zorro,

XV

Let us go in the night of the foxes
To repeat the day of the jaguar.
Like the sorcerer of Carlos Castaneda
—More than a double or custodian, the true being—
Or like the doubled student in Prague,
Like the leap of mist and the fire of peyote,
Like the corrosion of the minotaur
In the flower of the labyrinthine ear,
We go from cranny to cranny
In the sulphurous evening of fear.
The jasmine dynasty of dawn
Cedes to the apotheosis of the vulpine night:
The grazing of pelt and fangs
Runs over the backbone of the slope.
No more is it the leap of the jaguar: the fox
Rakes the night of the betrothals.
We wed in the cloud-bedecked mountain,
With the doomsayers' black-ringed eyes.
I can see with magnifying glasses
The metastasized miniature, time
Which will make us live this anomaly:
At once shadow, solitude, and fire.
As if seeing the castle in Bellinzona,
The lining of the tropical night,
Rampart of coral, it hypnotizes us
With the black thunderbursts of its silence,
Its rosette of attenuated leaves.
The immobile geography of deeds
Broken in the reticule of time,
The coffers of living, the check
Mate of our chessboard life.
In the square of the night: the fox,

la zorrería de los evadidos,
campo a través, del pantano a la cima,
como en el cuento de Julio Cortázar,
con correajes y con metralletas,
la epopeya borrosa del morir,
la borrosa epopeya del vivir.

The foxiness of the escapees,
Across the field, from swamp to summit,
As in the story of Julio Cortázar,
With harnesses and submachine guns,
The blurry epic of dying,
The blurry epic of living.

XVI

El pellejo del aire ha restallado
con las intermitencias del estío:
el pellejo del aire no restaña
el cuero de la luz ensangrentada.
En las jarcias del cielo, el crotalón
atenúa los cuernos de la luna:
ya no veré los aires embestidos
ni la noche lunar cuando gotea.
Con la estridencia del metal nocturno
chirrían las veletas de papel:
el sacrificio del cartón doblado
de noche corta el cuello al ave fénix.
(Puras uñas muy alto dedicando su ónice...)
Así, con mandoblazos, el camino
entre cañaverales de tiniebla.
Signos latentes de la destrucción:
los agasajos de la serranía,
el perfil de la cumbre recortada
entre glorieta y pérgola en el brillo,
la verborrea de la espuma negra
en el mar de la noche de los versos.
Olas que baten el ojal nocturno,
la sinfonía de los arrecifes
estos versos solemnes como plectros,
el sacerdocio de la noche armada,
el reñidero de la noche o nada.
Raya la tiza de la oscuridad,
los palmerales de la noche en Málaga.
No se me ocurre nada. El aire atiza
los soportales huecos de Xifré,
arcos ciegos de un sol desmantelado,
caligrafía curva de los trópicos.

XVI

The integument of air has cracked
With the intermittencies of summer:
The integument of air does not staunch
The leather of the blood-soaked sun.
In the rigging of the sky, the crotalón
Buffers the horns of the moon:
I will no longer see the impaled airs
Nor the lunar night when it bleeds.
With the stridency of metal nocturnal
The paper weathercocks screech:
The sacrifice of folded cardboard
At night cuts the phoenix's neck.
(Pure talons very high dedicating their onyx ...)
Thus the road, catch-as-catch-can,
Lost in the reed-beds of shadows.
Latent signs of destruction:
The delectations of the sierra,
The profile of the summit clipped
Between arbor and pergola in the sheen,
The logorrhea of the black foam
In the sea of night of the verses.
Waves pound the nocturnal eyelet,
The symphony of the atoll
These verses, solemn as plectra,
The priesthood of night at arms,
The cockpit of the night or nothing.
The chalk draws a score in the darkness,
The palm forest of night in Malaga.
Nothing occurs to me. The air prods
The hollow colonnade of Casa Xifré,
Blind arches of dismantled sun,
Curved calligraphy of the tropics.

Viento en los arcos, viento de mi vida,
viento de la marina al susurrar
insulto de gumías y bajíos
en las trenzas del cielo desollado
en la caries metálica del agua en los escollos,
viento que desarbola las garitas,
el taquillaje de la noche azul,
viento como en la playa de Rapallo:
el planisferio de Juan de la Cosa
mirado con los ojos de Ezra Pound.
(El Splendido Mare, dos niveles
en la suite de Ava Gardner, Portofino.)
Viento que viene y va, viento que aventa
las cenizas del fénix del poema de Shakespeare:
para marinear en la costa ligur
en la hacienda del aire marino se descubren
las cenizas del ave de cristal.
Fénix de Shakespeare y de Mallarmé,
ceniza de la noche soleada
o cena de cenizas en la luz:
arco tensado al sol para ahechar
sueños de nadie bajo tantos párpados.

Wind in the arches, wind of my life,
Wind of the seascape on whispering
Insult of Moorish daggers and lowlands
In the tresses of the flayed sky
In the metallic cavities of shoal water,
Wind that collapses the watchtowers,
The proceeds of the blue night,
Wind as on the beach at Rapallo:
The planisphere of Juan de la Cosa
Seen by the eyes of Ezra Pound.
(The Splendido Mare, two floors
In the suite of Ava Gardner, Portofino.)
Wind come and gone, wind that winnows the ashes
Of the phoenix in the poem of Shakespeare:
To sail on the Ligurian coast
In the estate of the sea air are found
The ashes of the bird of glass.
Phoenix of Shakespeare and Mallarmé,
Ash of the sun-bleached night
Or dinner of ashes in the light:
Arc tautened to the sun to sift
Dreams of no one beneath so many eyelids.

XVII

El aire se incendió. La piedra inerte
ni conoce la sombra ni la evita.
Con la hoguera del poso de las nubes perdidas
van las olas flamígeras del aire,
va la mesnada de los fusileros,
van las intimaciones de la fogata roja,
va el castillo de naipes de las luces de gas.
Así vívía yo: con los ojos cerrados
vi el paso de la luz hacia la luz.
Pintar los ojos de la poesía:
un colorete de color canela.
El clavel de la noche en su berlina roja,
los responsos del aire, los postizos de luz de la condesa,
Erzsébet Báthory enfundada en la sangre,
la vida que se enfunda y desenfunda
en la vaina del cielo desnudado,
en la vaina de plata donde yo encontré a Cuca,
alojamiento en el hotel eléctrico,
sobrepelliz de claridades secas,
el guitarrista del país del vino,
el guitarrista de la soledad,
escribir un poema es apresar el aire
(estos versos en descomposición:
el pudridero de los versos muertos)
y en las sacas del aire despojado
el lapicero oscuro de nuestra vida a tientas, la polilla
de J. R. J. en desván de Granada
(Vámonos por romero y por amor...).
Una entrevista con la claridad
en este cruce de constelaciones,
como espora cuajada en el estaño,
todo se ha entrelazado en las palabras,

los pescadores del país de perlas,
la pesca submarina del poema,
el cuchillo y la valva, el país de la vulva, el pescador
 de manos enlazadas,
los pescadores de la poesía, esta presa en la red,
 la malla submarina
aferrada en el foso del poema,
la ruina del foro del poema,
los visitantes de ruinas romanas,
los aforados de la destrucción,
como el fantasma de Cinecittà,
la noche va vestida de espejuelos;
un bodegón de flores y centauros
en paisajes de ruina artificial.

XVII

The air caught fire. The stone inert
Neither knows the shadow nor avoids it.
With the bonfire of the lees of the lost clouds
Go the flamboyant waves of the air,
Goes the firing squad's retinue,
Go the intimations of the red pyre,
Goes the castle of cards and gaslights.
Thus I once lived: with eyes shuttered
I saw the passage from light toward light.
To paint the eyes of poetry:
A rouge the color of cinnamon.
The carnation of night in its red berlin carria/
The obsequies of air, the countess's weave of
Erzsébet Báthory sheathed in blood,
Life that is sheathed and unsheathed
In the holster of denuded sky,
In the holster of silver I found Cuca,
Lodging in an electric hotel,
Surplice of dessicated clarities,
The guitarist from the country of
The guitarist of solitude,
To write a poem is to seize the
(These verses in decompositic
The waste heap of verses de
And in the allotments of d
The dark pencil of our ha
Of Juan Ramón Jiméne
(Let us go, for rosema
An interview with cl
In this crossing of (
Like a spore clott
Everything has

The fishers of the country of pearls,
The submarine fishing of the verse,
The knife and the vulva, the country of the vulva,
   the fisher with the interlaced hands,
The fishers of poetry, this prey in the net,
   the submarine mesh
Trapped in the moat of the poem,
The ruination of the forum of the poem,
The visitors of Roman ruins,
Bailiffs of destruction,
Like the ghost of Cinecittà,
The night goes arrayed in spurs;
A taproom of flowers and centaurs
In countries of artificial ruin.

XVIII

La hostería de hierro de la noche,
donde podremos vivir más al fin,
herrados como esclavos del barroco,
como doña Mencía la sangrada.
La cobardía de los recortados,
la felonía de los recortables,
en el juego de bolos de la bolsa,
pieza cobrada y *tour de passe-passe*,
la trama de torcaces de la tralla,
de la traílla, el ojo del candil:
la luna viene como un arcabuz
a alumbrar nuestra vida de *Guernica*,
nuevo rapto de Europa o piorrea.
«Lo imposible se vuelve inevitable»
es el verso final de Juan Larrea;
en la Europa del sueño soviético,
del palomar de llamas libertario
o las esclusas de luz insurrecta,
en un París de larvas y fusiles,
difusamente el día en fotogramas
de nitratos perdidos se encendía:
veíamos los ojos ya rasgados
del Fu-Manchú de la revolución,
las palabras de Serguei Yutkevich
o los trazos de Vedova o Guttuso:
alborada de sangre en Plaza Roja,
cosecha troglodita el Potomac.
Camina atarantado el porvenir,
con los ojos vendados por la luz.
La noche ciega se desequilibra
en las ondulaciones de la música.
Mas no es música el oro del silencio:

XVIII

The hostelry of iron of the night,
Where we can live on to the end,
Branded like slaves in the baroque,
Like Doña Mencía the slain.
The cowardice of the sufferers of cutbacks,
The treasonous contumely of the cutouts,
The nine-pin of the stock market,
The quarry and the *tour de passe-passe,*
The involution of the wood doves of the lash,
Of the leash, the eye of the oil lamp:
The moon comes like an arquebus
To light up our *Guernica* life,
New rape of Europa or pyorrhea.
"The impossible becomes inevitable"
Is Juan Larrea's last verse;
In Europe of the Soviet dream,
Of the dovecote of liberatory flames
Or the sluice gates of insurrectionary light,
In a Paris of larvae and rifles,
Diffusely the day in photograms,
Was igniting from lost nitrates:
We saw the already slanted eyes
Of the revolution's Fu Manchu,
The words of Sergei Yutkevich
Or the traces of Vedova or Guttuso:
Aubade with blood in Red Square,
Troglodyte harvest the Potomac.
Dumbfounded path, the future,
With eyes blindfolded by light.
The blind night loses its balance
In the undulations of the music.
But the gold of the silence is not music:

se encasquilla tras la repetición
de algún último acorde embalsamado.
El gato de las nueve colas dice
la violencia del aire en rebeldía.
El jornalero del atardecer,
las olivadas del amanecer,
el juego de billares y virutas
expandible en la noche agrimensora:
a zancadas, con zancos, mide el suelo
la bailarina griega con coturno,
la pregonera de la muerte blanca,
la que ofrece una copa de jerez
en la tormenta de los alazanes
la cabalgada de cristal de roca
que configura el sol de macasar.
La extravagancia sin cesar de imágenes
—como en Vivaldi, opuesta a la porfía—
retorcerá en sí misma su pitón
mas sin cortarla: el tajo del metal
no interrumpirá el cuerpo del delito,
la navaja barbera del poema.
¿Es poesía de *garçon coiffeur?*
Es poesía y doma de leones,
bajo la carpa de pólvora negra,
bajo la crucería de escribir.

It snags after the repetition
Of some final harmony embalmed.
The cat of nine tails speaks
The violence of the air in rebellion.
The journeyman of sunset,
The olive groves of dawn,
The billiard game and sawdust
Expandible in the land surveyor night:
Striding on stilts, it measures the soil
The Greek ballerina aloft,
Herald of white death,
Who offers a cup of sherry
In the storm of the sorrel horses
The cavalcade of rock crystal
Configured by the macassar sun.
The ceaseless extravagance of images
—As in Vivaldi, in counter to the drumbeat—
Will turn its spur upon itself
But without cutting it: the stroke of metal
Will not disturb the *corpus delicti*,
The straight razor of the poem.
Is it poetry of the *garçon coiffeur?*
It is poetry and lion-taming,
Under the marquee of black powder,
Under the rib vaulting of writing.

XIX

Las páginas del aire han resonado
con el estruendo de tanta palabra:
se ha abarquillado el corredor del aire
con la vendimia de palabras muertas
porque el poema las petrificó.
Soy el vendimiador de la penumbra.
Como va el hombre lobo en su zurrón
entre las greguerías del paisaje,
el feriante de noche merodea
el labrantío y sus inmediaciones;
así la noche acaba por volverse
el cucurucho de la luz besada
que da en cada palabra un beso frío
como la mano del comendador.
Rodeado de gentes sin facciones ni voz,
rodeado de gesticuladores,
«*flatus vocis* y gesticulación», dijo Américo Castro,
que visten con papel de purpurina,
rodeado de los ensoberbecidos,
los tragafuegos de la voz robada,
rodeado del viento fabricador de imágenes
entre el zumbido de los aeroplanos,
como el preste del bosque oscurecido,
cazador de cornejas extraviadas,
el cazador furtivo de libélulas,
en el haikú olvidado, el general
del campo de batalla de jinetes y alanos,
cuando una cuchillada de esplendor en la calle
nos asoma a los ojos del pasado,
lo que vive tan sólo en el poema,
lo que seremos en cada palabra,
lo que fuimos en plena distorsión,

XIX

The pages of air have resounded
With the racket of so much word:
The corridor of air has crumpled
With the harvest of words dead
Because the poem petrified them.
I am the harvester of shadow.
As the wolf man goes in his hide
Among the coteries of the landscape,
The celebrant of night lurks
Among the labyrinth and its outskirts;
Thus the night ends by becoming
The cornet of kissed light
That in each word gives a cold kiss
Like the hand of the knight commander.
Surrounded by people without features or voice,
Surrounded by gesticulators,
"*Flatus vocis* and gesticulation," said Américo Castro,
That dress in foil paper,
Surrounded by the arrogant grown,
The fire-eaters of the stolen word,
Surrounded by the image-crafting wind
Amid the hum of the airplanes,
Like the prester of the dark forest,
Hunter of detoured crows,
The furtive hunter of dragonflies,
In the forgotten haiku, the general
Of the battlefield of horsemen and Alani,
When a stab or splendor in the street
Rouses the eyes of our past,
What only lives in the poem,
What we will be in each word,
What we were in rank distortions,

en un error de perspectiva clásica,
entre los edificios de luz arquitectónica
el muñón de un escorzo a medio hacer.
Pero más no tendremos: ese instante
nos permite atisbar las impaciencias.
Son ecos ya muy roncos de una antigua caverna,
cuando no del sacrílego deseo
de poseer la pátina del mundo,
de sumergirnos en su luz pintada.
Aguas iluminadas del poema,
el buceo en las ramas de la voz,
aguas enfebrecidas que transmiten
el parpadeo de la posesión,
el teatro sin luces del desmayo,
la camareta de los ruiseñores,
el hurto del placer en la recámara,
de cuerpo a cuerpo nada va, el deseo
a paso de gigante arrolla todo.
El trajinar de luces indistintas
no vacía las válvulas del mundo
y no pueden fingirse ojos domésticos
en el zoo de la noche del furor.
El «Evohé!» del tiempo primordial:
andaremos a ciegas por los bosques de Eurípides.

In an error of classical perspective,
Amid the buildings of architectural light,
The stump of a half-finished foreshortening.
But more we shall not have: that instant
Permits us to discern the impatiencies.
They are already very hoarse echoes from an ancient cavern,
When not of the sacrilegious desire
To possess the sheen of the world,
To sink ourselves in the painted light.
Illuminated waters of the poem,
The diving into the branches of the word,
Febrile waters that transmit
The batting of the eyes of possession,
The unlighted theater of dismay,
The cabin bay of the nightingales,
The looting of pleasure in the chamber,
From body to body nothing goes, desire
At a giant's gait, crushes all.
The scurry of indistinct lights
Does not bleed the valves of the world
And domestic eyes cannot feign
In the zoo of the night of furor.
The "Evoe!" of primordial time:
We walk blindly through the forests of Euripides.

XX

Una salmodia en el salón de baile:
por tantas cosas no tendrá piedad
la noche que al azar se constituye
entre los desconchados del poema.
Son estas voces las que nos esposan:
en fila india, vamos al salón
como comparsería de algún rito
que se olvidó en la luz de la tarde encovada.
El cortahielos del frescor del día,
el ángel que no sabe desistir:
imágenes al sol perecederas,
en la palabra nunca perecidas.
imágenes del cielo de París,
imágenes del cielo desvestido
cuando una nube caza a otra y siguen
por la venencia en luz de la blancura
que se despide del vivac de llamas.
Hace más frío, y pronto en cada esquina
matarán al piel roja de la noche:
la máscara de hierro de París,
en la mazmorra de la luz que gira.
Con gafas negras vemos a Karl Lagerfeld
en la escondida de la malaquita:
sus manos enguantadas y el periódico
cierran un cepo oscuro en plena noche.
Viviendo de ser ánades de sombra,
laten las *devantures* de Arthus Bertrand:
tesoro de las Indias de Rameau,
el oro del Perú napoleónico.
Cuando tejas abajo un gato salta
sesgando el memorial de Apollinaire
o en el jardín oculto Delacroix

XX

A psalmody in the ballroom:
For so many things, it will not have pity
The night that constitutes itself at hazard
Amid the slivers of the poem.
These are the voices that manacle us:
In single file, we march to the hall
Like supernumeraries of some rite forgotten
In the light of the stooped afternoon.
The ice pick of the freshness of day,
That angel that knows not to desist:
Perishing images in the sun,
Never perished in the word.
Images of the sky of Paris,
Images of the sky unclothed
When one cloud chases another and they continue
Through the wine thief of light in the whiteness
That takes leave of the bivouac in flames.
It is colder now, and soon on every corner
They will kill the red skin of the night:
The iron mask in Paris,
In the dungeon of the revolving light.
With black glasses we see Karl Lagerfeld
In the hideaway of malachite:
His gloved hands and the newspaper
Close a dark newspaper hanger in the dead of night.
Living as anatidae of shadow,
Throb the *devantures* of Arthus Bertrand:
Treasure of the Indias of Rameau,
Napoleonic gold of Peru.
When a cat leaps down from the roof tiles
Abridging the memorial of Apollinaire
Or in Delacroix's hidden garden

resguarda el ojo de los mamelucos,
cuando amarilleó *La princesse de Clèves*
o las cartas autógrafas de Verdi y de Cocteau,
cuando nos despedimos de la luz exprimida
y de la cañería de los crímenes;
cuando el cielo prensil nos enarbola
como acordes de Alberto Ginastera,
como la boca abierta de Bomarzo
en la plaza de Saint-Germain-des-Prés;
la tira de los árboles tocados
espera el maleficio de la luz
en la caída de los condottieros,
en la rocalla del peñón de otoño;
en el panal de carmesí del aire,
la capitulación de las Hespérides.
Así son las palabras: fruto fosco
en la alameda del jardín del ser.
Así en la espera de los alhelíes
crece el silencio en el toril cerrado;
van a ser dichas, y no nos dirán
lo que de verdad somos; en reflejo
lo aludirán como un espejo oscuro,
como a medias el rostro del horror
o de la dicha o del disolvimiento,
el amorío del florete roto.
Derivadas imágenes azules,
de mi imaginería adolescente,
próximas a mi imagen replicante.
Los comensales en el subterráneo,
los jardines colgantes bajo el mar,
el río que es un mar que es el morir,
que es el vivir de cara a lo vivido,
la cara de la vida embadurnada
por poemas, pintura de pistola.
Así seremos siempre lo que somos
en la cantera del poema ardiente;
así nos uncirá la indiscreción
de los caballos de la Cenicienta,
las calabazas del amor nocturno
por los cielos de estofa simulada.

Shields the eye of the mamelukes,
When *La princesse de Clèves* yellows,
Or the signed letters of Verdi and of Cocteau,
When we take leave of the extruded light
And of the conduits of the crimes;
When the prehensile light brandishes us
Like harmonies of Alberto Ginastera,
Like the open mouth of Bomarzo
In the square of Saint-Germain-des-Prés;
The stand of the struck trees
Awaits the malevolence of light
In the fall of the condottieri,
In the gravel from the crag of autumn;
In the honeycomb incarnadine of air,
The capitulation of the Hesperides.
Thus are words: dusky fruit
In the coppice of the garden of being.
Thus, in the persistence of the wallflowers
Grows the silence in the closed bullpen;
They shall be told, and they will not tell us
What we really are; in reflection
They will allude to it like a mirror obscure,
Like the face of horror half-seen
Or of fortune or dissolution,
The love affair of red foil.
Azure images derived
From my adolescent imaginary,
Near to my replicant image.
My table companions in the underground,
The hanging gardens under the sea,
The river is a sea which is dying,
Which is to live, face turned toward the lived,
The face of life blurred
By poems, the brushwork of pistols.
Thus we will always be what we are
In the quarry of the poem set alight;
Thus the indiscretion of the horses
Of Cinderella shall yoke us,
The pumpkins of nocturnal love
In the heavens of feigned extraction.

La esclavitud de azahar del paraíso
sin laúdes ni arpas, aquel fresco
que no miró la madre de Villon
en la noche cismática, el degüello
de hugonotes que vio de noche Griffith
es también nuestro tiempo simultáneo,
es el tiempo de la repetición,
tiempo de replicar y repicar,
tiempo de alarmas en el batintín,
llaman para morir, para vivir,
nos estaban llamando, y el rebato
es porque ya no hay tiempo de vivir,
cada instante se gana a la corriente,
a la marea de vivir muriendo,
a la marea de los versos vivos,
la palabra en el agua represada
que será nuestra vida, el guacamayo
exótico en la selva del vivir,
pues la tristeza es un pájaro exótico
y en la *selva selvaggia* van las frondas
abriendo paso a cada amanecer.

8-vii/20-viii-2012

The orange blossom slavery of paradise
Without lutes or harps, that fresco
That the mother of Villon did not look at
On the schismatic night, the beheading
Of Huguenots Griffith saw by night
Is also our time simultaneous,
It is the time of repetition,
The time of replication and resounding,
The time of the gong-blows' alarm,
They call out to die, to live,
They were calling to us, and the response
Is because there is no more time to live,
Every instant the current is overcome,
The tiding of living while dying,
The tiding of verses alive,
The word in the dammed-up water
Which our life is to be, the exotic
Macaw in the forest of living,
For sorrow is an exotic bird
And in the *selva selvaggia* the fronds
Make way for each dawn.

8-vii/20-viii-2012

Notes

p.3) *imago mundi*: Latin, microcosm.

p.3) *Che morte tanta n'avesse disfatta*: "that death had undone so many," *Inferno* III:57, *The Waste Land* I:63.

p.3) *Compostela*: Santiago de Compostela, capital of Galicia.

p.5) *Unreal City*: *The Waste Land* I:60.

p.7) *Venaria's waters*: fountains at the palace of Venaria in Turin.

p.7) *Crack in the Mirror*: 1960 Orson Welles film.

p.11) *Moguer, J. R. J.*: Juan Ramón Jiménez Mantecón (1881–1958), Spanish poet, born Moguer, Andalusia.

p.11) *Huddled miraculous ribbons*: phrase ("Agazapadas cintas milagreras") is from the J. R. J. poem "Granados en el cielo azul" ("Pomegranates in the Blue Sky"); the ribbons are on the breast of the Virgen del Carmen (Our Lady of Mount Carmel), patron saint of the sea, and in the poem protectress of mariners.

p.11) *Friulian phrases*: used occasionally in Pier Pasolini's writing.

p.11) *Coral Gables*: J. R. J. lived in Coral Gables while a professor at the University of Miami; wrote *Romances de Coral Gables*.

p.11) *Ostia*: site of Pasolini's 1975 murder.

p.11) *Design for Living*: 1932 Noël Coward play, 1933 Gary Cooper film.

p.13) *Companys, Laval, or Brasillach and Che*: all four died by execution: Lluís Companys i Jover (1882–1940), president of Catalonia during the Spanish Civil War; Pierre Laval (1883–1945), French prime minister who also served under the Vichy regime; Robert Brasillach (1909–1945), French collaborationist journalist; Ernesto Guevara (1928–1967), Argentine revolutionary.

p.13) *Cardeña of Ruy Díaz*: Cardeña is the reputed burying place of Díaz, El Cid.

p.13) *Paesa*: Francisco Paesa (1936–), Spanish secret agent.

p.13) *Tizona*: "Firebrand," one of El Cid's swords.

p.13) *acqua toffana*: poison originating in 17th century Italy.

p.15) *Amminadab...*: possibly referring to Laurence Gardner's proposition in *Bloodline of the Holy Grail* that Amminadab, based on Akhenaten, was the original personage of Moses; metaphor for the occlusion of the Oriental and pagan origins of Western Christian traditions.

p.15) *Sesostris*: a king of ancient Egypt known through Herodotus.

p.15) *houppelandes*: medieval gowns.

p.15) *Feuillade*: Louis Feuillade (1873–1925), French silent film director.

p.15) *Paterne Berrichon*: pseudonym for Pierre-Eugène Dufour (1855–1922), French artist and writer; editor and brother-in-law to Arthur Rimbaud.

p.17) *Rodríguez Feo*: José Rodríguez Feo, Cuban litterateur; corresponded with Stevens 1944–1954.

p.19) *Dr. Mabuse*: villain from a Norbert Jacques novel made famous in three Fritz Lang movies.

p.29) *dead she-wolf*: c.f. Antonio Machado's "The Traveler."

p.29) *Piazza Solferino*: in Turin.

p.31) *predella*: altar platform or carvings on same.

p.31) *Paolo Uccello*: (1397–1475), Italian painter who pioneered use of visual perspective.

p.33) *Urganda*: priestess and guardian of the hero in the fourteenth-century knight-errantry tale *Amadís de Gaula*.

p.33) *Palma Arena*: concert venue in Palma de Mallorca; nexus of a corruption scandal and legal action following diversion of public funds.

p.33) *Santos Discépolo*: (1901–1951), Argentine tango composer.

p.35) *Blas de Otero*: (1916–1979), Spanish poet, member of *poesía social* movement.

p.37) *Poverello*: "poor one," St. Francis of Assisi's nickname.

p.37) *Melmoth the wanderer*: q.v. *Melmoth the Wanderer*, 1820 Charles Maturin novel.

p.37) *sericulture*: silk farming.

p.39) *Dimitrov*: Georgi Dimitrov (1882–1949), first Communist leader of Bulgaria.

p.39) *"Così, per bellezza"*: "Like this, for beauty."

p.39) *pallium*: cloak; ecclesiastical vestment originally peculiar to the Pope.

p.39) *Julius Evola*: (1898–1974), right-wing anti-Fascist Italian philosopher.

p.39) *Salò*: informal name of the Italian Social Republic (1943–1945); also a film by Pasolini based on the Marquis de Sade's *The 120 Days of Sodom*.

p.39) *Belchite*: site of a Spanish Civil War battle.

p.39) *Badajoz*: site of Spanish Civil War massacres.

p.39) *From Giovinezza to the Internationale*: Italian anthem under Mussolini and socialist anthem, respectively.

p.39) *Turó Park*: in Barcelona.

p.43) *Aleixandre*: Vicente Aleixandre (1898–1984), Spanish poet.

p.43) *Dreyer's* Gertrud: 1964 drama directed by Carl Theodor Dreyer.

p.47) *Boboli gardens*: park in Florence.

p.47) *Mona Hatoum*: (1952–), Palestinian video and installation artist.

p.47) *In Valmar... shred of purple*: possible reference to the verse drama *Cleopatra* by Leopoldo Augusto de Cueto, Marqués de Valmar (1815–1901). Purple was the color worn by the Roman emperors.

p.49) *Voici le temps des assassins*: line from Arthur Rimbaud's "Matinée d'ivresse"; 1956 French film.

p.49) *Nicholas Ray in the barracks in Tripoli*: this section refers to the film *Bitter Victory* (1957), filmed in Tripoli.

p.49) *Pisillipo*: Naples residential quarter.

p.49) *Deianira*: Heracles's second wife.

p.51) *Fosco Giacchetti*: (1900–1974), Italian actor, leading man during the Fascist period.

p.51) *By the heels at Milano*: c.f. Mussolini's death "by the heels at Milano," in Ezra Pound's "Canto LXXIV."

p.51)   *Herodias*: (c. 15 BC–c. 39 AD), Jewish princess of the Herodian Dynasty, mother of Salome.

p.53)   *Villa Menafoglio*: villa in Upper Biumo known for its contemporary art collection.

p.53)   *Comala*: town in Mexico; capital of Colima; setting for Juan Rulfo's novel *Pedro Páramo*.

p.53)   *"It's the times, sir"*: from *Pedro Páramo*, 1955 Juan Rulfo novel.

p.53)   *gonfaloniere*: position of public office in medieval and Renaissance Italy.

p.53)   *marabout*: North African hermit or saint; tomb of same.

p.53)   *"Cemetery of kisses, there is still fire in your tombs"*: Pablo Neruda, "A Song of Despair."

p.55)   *Laza and Zabala*: ETA members killed by authorities in 1983.

p.55)   *Calderón's*: Pedro Calderón de la Barca (1600–1681), Spanish dramatist and poet.

p.57)   *Endriago*: mythical beast faced by Amadís, q.v.

p.57)   *Limelight*: 1952 Charlie Chaplin film.

p.57)   *Le désir attrapé par la queue*: 1941 Pablo Picasso play.

p.57)   *Segismundo*: hero of *La vida es sueño*, a Calderón play.

p.59)   *Rossellini*: Roberto Rossellini (1906–1977), Italian director.

p.59)   *Que voulez-vous la rue était barrée*: "What did you expect, the street was blocked"; from Paul Éluard's "Couvre-feu."

p.59)   *Marino*: Giambattista Marino (1569–1625), Italian poet.

p.59)   *Villamediana*: Juan de Tassis, II Conde de Villamediana (1582–1622), Spanish poet.

p.59)   *Minnelli*: Vicente Minnelli (1903–1986), American director, husband of Judy Garland.

p.59)   *Titian in Andros*: Titian's "The Bacchanal of the Andrians," 1523–1526, in the Prado.

p.61)   *The Caracci*: three cousins from Bologna, sixteenth-century painters.

p.61)   *"Lilya, love me," / As Mayakovsky did when he fired*: Lilya Brik was Vladimir Mayakovsky's muse; Mayakovsky died a suicide in 1930.

p.63)   *Ausías*: Ausías March (1397–1459), Valencian poet and knight; following passages refer to March's participation in the Mediterranean campaigns of Alfonso V of Aragon.

p.63)   *chirimía*: hornpipe.

p.63)   *Cecilia Valdés*: novel by the Cuban writer Cirilo Villaverde (1812–1894).

p.63)   *luison*: werewolf-like creature with origins in Guaraní mythology, with a role similar to the Grim Reaper's.

p.65)   *zingaro*: gypsy.

p.67)   *Athalie*: Jean Racine's final tragedy, 1691.

p.67)   *Thus the paladin in Sant'Anastasia / Fights for the princess most gilded*: a description of the fresco of Saint George and the Princess, by Pisanello, in the Pellegrini chapel in Sant'Anastasia, Verona.

p.67)   *bulerías*: a flamenco rhythm.

p.69)   *"The Moorish king was riding… To the gate of Bibarrambla"*: from a Renaissance popular song.

p.69)   *Jaime Gil*: (1929–1990), Spanish poet.

p.69)   *The Docks of New York*: 1928 film directed by Joseph von Sternberg.

p.69) *The Saga of Anatahan, The Shanghai Gesture*: also Joseph von Sternberg films, 1953 and 1941 respectively.

p.73) *Cranach's Venus*: e.g., the 1532 Venus by Lucas Cranach the Elder (1472–1553).

p.75) *Villa Valmarana*: sixteenth-century villa in Lisiera, Italy.

p.75) *"Where foaming the Sicilian sea..."*: from "Fábula de Polifemo y Galatea" (1621) by Luis de Góngora (1561–1627).

p.75) *eye of trepidation*: the phrase "ojo de temor" is from *Monte Calvario* by Antonio de Guevara (1481–1545).

p.77) *Llullian*: Ramon Llull (c. 1232–c. 1315), Majorcan writer credited with the first major work of Catalan literature.

p.77) *In the painted gold... Nastagio delgi Onesti*: Painting cycle by Botticelli based on a story in the *Decameron*.

p.77) *Mechlin lace*: fine type of Flemish lace.

p.79) *Sara Carr dies facing Uccello*: Sara Carr was a Chicago fashion designer who married the art historian René d'Harnoncourt; her daughter Anne d'Harnoncourt was director of the Philadelphia Museum of Art.

p.79) *Veil of Veronica*: Catholic relic bearing the face of Jesus.

p.81) *Città di Castello*: City in Perugia.

p.81) *Luca Signorelli*: (c. 1445–c. 1523), Italian painter, at Città de Castello in 1474.

p.81) *stone lion in Odessa*: refers to a montage in Sergei Eisenstein's *The Battleship Potemkin* (1925).

p.81) *quaerens quem devoret*: lit., "looking for someone to eat"; 1888 painting by the French Academic artist Jean-Léon Gérôme.

p.85) *San Giorgio Maggiore*: church on the Venice island of the same name.

p.85) *the corypheus in Taormina*: corypheus, director of dramatic chorus in Antiquity; Taormina, town in eastern Sicily and site of a theater ruin similar to the one at Syracuse.

p.89) *bucaros*: vases of a type often used for holding perfumes, made of an aromatic Spanish clay.

p.89) *Parque del Retiro*: the Buen Retiro park in Madrid.

p.89) *Luis Rosales*: (1910–1992), Spanish poet and essayist.

p.89) *Bearn*: *Bearn, o La sala de les nines*, a 1956 novel by the Majorcan writer Llorenç Villalonga i Pons (1897–1980).

p.89) *Rubén Darío*: (1867–1916), Nicaraguan poet.

p.89) *Aragon saw only wasps...*: the passage refers to the Louis Aragon poem "Sur le port de Dieppe," dedicated to Sacco and Vanzetti.

p.93) *castle in Bellinzona*: presumably one of the Three Castles around the town of Bellinzona in canton Ticino, Switzerland.

p.95) *Julio Cortázar*: (1914–1984), Argentine writer.

p.97) *the crotalón*: a jangle, as of a tambourine; *El Crotalón*, a work by the Spanish Renaissance writer Cristóbal de Villalón.

p.97) *cockpit*: literal, as in the place where cocks fight.

p.97) *Casa Xifré*: iconic Barcelona building, completed 1840.

p.99) *Juan de la Cosa*: (c. 1450–1510), Spanish cartographer.

p.99) *The Splendido Mare*: a luxury hotel in Portofino.

p.99) *Dreams of no one beneath so many eyelids*: c.f. Rilke: "Rose, oh pure contradiction, joy / of being No-one's sleep under so many / lids" (trans. Stephen Mitchell).

p.101) *berlin carriage*: a type of traveling carriage popular in Germany and England in the 17th and 18th centuries.

p.101) *Erzsébet Báthory*: (1560–1614), the Hungarian "Blood Countess," alleged to have tortured and killed several hundred of her female servants.

p.101) *Let us go, for rosemary and love...*: J. R. J. line from "Mañana de la Cruz" in *Baladas de Primavera*.

p.105) *Doña Mencía*: character in the play *El médico de su honra* by Pedro Calderón de la Barca.

p.105) *tour de passe-passe*: sleight of hand.

p.105) *Juan Larrea*: (1895–1980), Spanish poet and essayist.

p.105) *Sergei Yutkevich*: (1904–1985), Soviet director and screenwriter.

p.105) *Vedova or Guttuso*: Emilio Vedova (1919–2006) and Renato Guttuso (1911–1987), Italian painters, both members of the "Corrente" group.

p.107) *corpus delicti*: Latin, "body of crime"; jurisprudence principle of deferring conviction until a crime can be shown to have occurred.

p.107) *Is it poetry of the garçon coiffeur?*: i.e., haircutter assistant's poetry; criticism leveled at Ivan Bunin by Sergei Esenin.

p.109) *Flatus vocis*: Latin, "breath of the voice," words without corresponding reality; a fundamental concept in nominalism, traditionally attributed to the French philosopher Roscellinus.

p.109) *Américo Castro*: (1885–1972), intellectual and critic with interests in Spanish cultural identity; U.S. resident following outbreak of Spanish Civil War.

p.109) *Alani*: a nomadic people from the Black Sea region, noted by the Romans from the 1st century AD and dispersed by the Huns in the 4th.

p.111) *"Evoe!"*: Bacchic cry.

p.113) *wine thief*: The term *venencia* refers to a specific type of wine thief used in the sherry bodegas of Andalusia, consisting of a long pole attached to a cylinder that is inserted deep into the barrel, past the layer of *flor* yeast that covers the wine. Pouring wine from a *venencia* into the small *catavino* or sherry glass is considered an art form.

p.113) *Karl Lagerfeld*: (1933–), German fashion designer based in Paris.

p.113) *devantures*: display cases.

p.113) *Arthus Bertrand*: French medal- and decoration-making firm, and the Revolution-era officer who founded it.

p.113) *Treasure of the Indias of Rameau*: refers to the opera *Les Indes Galantes* by French composer Jean-Philippe Rameau (1683–1764).

p.115) *La princesse de Clèves*: 1678 novel by Madame de La Fayette (1634–1693).

p.115) *Alberto Ginastera*: (1916–1983), Argentine classical composer.

p.115) *Bomarzo*: town in central Italy noted for its monster sculpture park.

p.115) *The river is a sea which is dying*: a reference to the lines "nuestras vidas son los ríos / que van a dar en la mar / qu'es el morir" ("our lives are the rivers / which empty into the sea / which is dying" from *Coplas por la muerte de su padre* (*Verses on his father's death*) by the Spanish poet Jorge Manrique (1440–1479).

p.117) *the beheading / Of Huguenots Griffith saw by night*: St. Bartholomew's Day Massacre, as filmed by D. W. Griffith in *Intolerance* (1916).

p.117) *selva selvaggia*: wild wood, *Inferno* I:5.